나는 누구인가?
자아성찰의 마음일기

나는 누구인가?
자아성찰의 마음일기

초판 1쇄 발행 2018년 3월 20일
　2쇄 발행 2018년 4월 9일
　3쇄 발행 2019년 11월 12일

지은이 김범영
펴낸이 장길수
펴낸곳 지식과감성#
출판등록 제2012-000081호

디자인 이현
편집 이다래, 최예슬
교정 정혜나
마케팅 고은빛

주소 서울시 금천구 벚꽃로298 대륭포스트타워6차 1212호
전화 070-4651-3730~4
팩스 070-4325-7006
이메일 ksbookup@naver.com
홈페이지 www.knsbookup.com

ISBN 979-11-6275-066-7(03180)
값 16,000원

ⓒ 김범영 2018 Printed in Korea

잘못된 책은 구입하신 곳에서 바꾸어 드립니다.
이 책의 전부 또는 일부 내용을 재사용하려면 사전에 저작권자와 펴낸곳의 동의를 받아야 합니다.

이 도서의 국립중앙도서관 출판예정도서목록(CIP)은 서지정보유통지원시스템
홈페이지(http://seoji.nl.go.kr)와 국가자료공동목록시스템(http://www.nl.go.kr/kolisnet)에서
이용하실 수 있습니다. (CIP제어번호 : CIP2018008310)

 홈페이지 바로가기

나는 누구인가?

김범영 지음

자아성찰의 마음일기

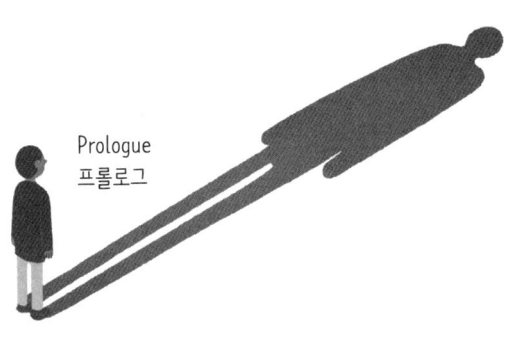

Prologue
프롤로그

저자는 한국심리교육원의 대표이고, 마음이론과 성마음이론을 개발하였으며, 심리장애의 치료기법을 개발하였다. 또한, 마음의 문제로 인하여 일상생활에 어려움과 고통을 겪는 분들이 다시 행복한 마음으로 살아갈 수 있도록 도움을 드리고 있다. 특히 저자는 중증우울증, 외상 후 스트레스 장애, 성격장애, 망상장애, 중독증과 같이 심각한 중증 심리장애를 전문으로 치료하고 있다.

가벼운 심리문제나 심리장애는 다른 상담실에서도 해결할 수 있겠지만, 중증 심리장애는 인간의 마음을 정확히 알지 못하면 치료되지 않기 때문에 큰 어려움을 겪는다. 또한 이러한 중증 심리장애를 치료하는 전문가가 그리 많지 않기 때문에 심리치료를 하고자 해도 쉽지 않은 것이 현실이다. 그래서 중증 심리장애를 앓고 있는 많은 분들이 종교와 무속에 의지하여 겨우 살아가거나, 약물에 의존하여 살아가는 경우가 많다. 이들은 심리치료가 불가능하다고 지레짐작으로 포기한 채 고통 속에서 살아가는 경우가 많다.

이 책은 저자가 마음이론과 성마음이론을 개발하는 과정에서 작성한 마음일기로서 인간이라면 한 번쯤은 생각해 보았을 마음에 대한 저자의 생각과 의견을 기록한 내용이다. 특히 저자가 '나는 누구인가?', '나는 왜 살고 있는가?'와 같은 자아성찰의 원론적인 고민을 하면서 썼다.

여러분도 이 책을 읽으면서 저자와 함께 마음에 대하여 생각해 볼 수 있는 계기가 되기를 바란다.

2018년 03월
한국심리교육원 김범영

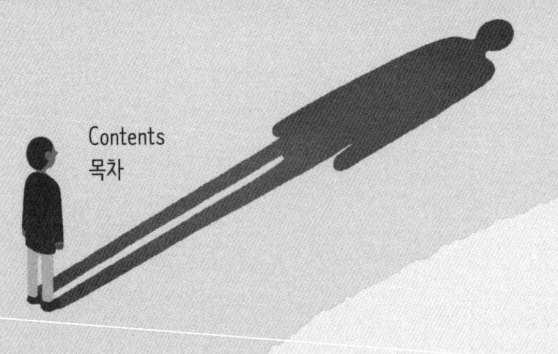

Contents
목차

Prologue • 4

제1장

나는 누구인가? • 12 / 마음은 무엇인가? • 17 / 자신의 마음을 아는가? • 19 / 행복하게 산다는 것 • 20 / 여러분은 행복한가? • 22 / 나로부터의 반성 • 24 / 인간의 마음 • 25 / 서로 다른 마음 • 26 / 마음을 보는 눈 • 27 / 심리는 단순하다 • 28 / 생각의 오류 • 30 / 성찰의 시간 • 31 / 무의식을 향한 여정 • 33 / 마음은 자신만이 만든다 • 35 / 마음의 본질 • 36 / 나를 아는 것은 축복이다 • 38 / 보이는 것과 보이지 않는 것 • 39 / 마음을 포장하지 말자 • 41 / 즐거움에 마음이 병드는 사람 • 43 / 마음은 항상 불안정하다 • 46

제2장

살기 위해 먹는가? 먹기 위해 사는가? • 50 / 가지면 잃는 것이 있다 • 52 / 잃고 얻는 것은 같다 • 54 / 잘못보다 잘못을 모르면 심각하다 • 56 / 예쁘다 아름답다 멋있다 • 58 / 모르는 것과 아는 것 • 60 / 좋은 말과 훌륭한 말씀 • 62 / 자기 생각이 옳다고 확신한다 • 65 / 내가 확신하는 것이 잘못되었다면? • 67 / 진리와 궤변의 차이 • 69 / 전문가라면 자신을 먼저 알아라 • 71 / 자신이 말하는 우문현답(愚問賢答) • 73 / 죽을 때 철들고 철들면 죽는다 • 75 / 인간의 가치와 존엄 • 76 / 훌륭한 말씀의 과유불급 • 78 / 백조의 아름다움과 슬픔 • 79 / 인생의 길 • 80

제3장

인사가 만사다 • 84 / 진리를 아는 사람과 모르는 사람 • 86 / 용서 이해 배려 • 88 / 나의 탓, 남의 탓 • 90 / 자존심과 자존감 • 91 / 나의 기준과 상대의 기준 • 92 / 질문에 대한 분석 • 94 / 질문으로 말장난하는 사람 • 96 / 진실을 모른 채 산다는 것 • 99 / 웃음의 허와 실 • 100 / 믿음과 자기기준 • 103 / 생일을 축하하는 이유 105 / 남자의 허세 • 108 / 여자의 허영 • 109 / 돈이 최고인 세상 • 111 / 외유내강(外柔內剛) • 113 / 외강내유(外剛內柔) • 115 / 외강내강(外剛內剛) • 117 / 외유내유(外柔內柔) • 119

제4장

좋을 때와 나쁠 때의 인간관계 • 122 / 까마귀 검다 하고 백로야 웃지 마라 • 124 / 구슬이 서 말이라도 꿰어야 보배 • 126 / 간언과 조언 그리고 아첨 • 130 / 우리는 인생을 잘 살아왔다 • 134 / 내 인생의 행복을 함께하는 한 사람 • 136 / 여자는 남자를 위하여 헌신하지 말라 • 138 / 본질을 정확히 알고 용서하자 • 143 / 부러운 여성과 똑같이 살지 말라 • 146 / 부부가 된다는 의미 • 149 / 즐기면서 사는 것이 행복인가? • 154 / 수면과 심리 • 158 / 작심삼일 • 160 / 미안함의 심리 • 162 / 대화의 무의식 • 164 / 근심과 걱정의 근원 • 167

제5장

인성과 인간성 • 170 / 인성교육의 허구 • 171 / 인성교육의 현실 • 173 / 인성교육에 대한 생각 • 174 / 마음을 아는 교육, 강의, 강연 • 175 / 강연과 강의가 대세인가? • 176 / 성교육은 섹스를 권장하는 교육이다 • 178 / 성교육의 강사와 선생님 • 180 / 감정코칭의 현실 • 183 / 강연에 대한 감정의 작용 • 185 / 킬링(Killing)과 힐링(Healing) • 187 / 킬링하는 특강과 강의 • 189

제6장

심리학은 왜 배우는가? • 192 / 심리학을 공부해야 하는가? • 194 / 심리문제의 분석 • 197 / 심리전문가의 생각전환 • 199 / 사이비 심리이론 • 201 / 진리의 탐구: 깨달음 • 203 / 내면아이는 잘못된 개념이다 • 205 / 내면아이와 원가정의 오류 • 209 / 무의식의 해석 • 211 / 리비도(Libido)와 타나토스(Thanatos) • 213 / 마음을 왜곡하는 사람들 • 215 / 경험과 지식 • 217

제7장

남자와 여자의 사랑 • 222 / 성(性)의 의미 • 224 / 남자와 여자의 性 • 226 / 섹스는 나쁜가? • 227 / 섹스의 회피와 금지 • 230 / 불경과 성경 • 232 / 운명과 마음 • 234 / 마음의 에너지 • 237 / 마음의 상처와 행복 • 239 / 사랑의 개념 • 242 / 기분과 감정 • 248 / 마음을 알면 행복해진다 • 249 / 오해는 오해를 낳는 법 • 250 / 현실의 사회 • 251

제8장

인생을 생각해 보자 • 254 / 부정감정의 습관 • 256 / 하늘과 땅 중 어떤 것이 우선인가? • 258 / 나는 실수를 잘 한다 • 261 / 기다리면 때가 오는 법 • 263 / 사람들은 나를 비웃어도 나는 웃을 수 있다 • 266 / 사람(人)의 개념 • 269 / 인간(人間)의 개념 • 270 / 인간의 몸과 마음 • 271 / 의식과 무의식 • 272 / 마음의 표현 • 273 / 생각의 오류와 이해 • 274 / 심리의 대칭 • 276 / 다양한 힐링의 방법 • 278 / 우월감과 열등감 • 280 / 성취와 성공 • 282 / 행복의 과유불급 • 284 / 몸이 아플 때와 마음이 아플 때 • 285 / 나는 심리장애자이다 • 287 / 슬프고 암울한 지식 • 289 / 심리검사는 심리치료와 관계없다 • 291 / 상처를 정확히 알자 • 292 / 상처의 발생 • 294 / 상처의 인식 • 295 / 상처의 위로 • 296 / 상처는 행복의 원천 • 298 / 상처의 가해자는 상대의 아픔을 모른다 • 300 / 심리문제와 심리장애의 차이 • 302 / 신체의 질병은 없는데 몸은 아프다 • 304 / 상담은 내담자의 인생을 좌우한다 • 306 / 한 번 살아 보세요 • 308 / 엄마와 갈등으로 가출한 여학생 • 309 / 나는 나쁜 여자입니다 • 311 / 놀기만 하는 청소년 • 313

저자의 출간도서 안내 • 316

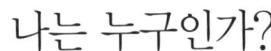

나는 누구인가?

나는 과거의 기억을 생각하고 느낀다.
생각과 기억인 의식은 사실이고, 무의식은 나의 본질.

내가 아는 나는 나의 본질이 아니라 사실이다.
사실은 보이지만, 본질은 보이지 않는 것.

그래서 우리는 끊임없이 '나는 누구인가?'라고 화두를 던진다.

보이는 것이 전부가 아니고, 보이지 않는다고 없는 것이 아니다.

나.
생각 그리고 기억.
자각하고 느끼는 것.
그것이 '나'이다.

나의 무의식은 나를 존재하게 하는 에너지이고 근본이다. 이 무의식을 모르면 나는 존재하지 않고 계속 변한다.

　어제의 나는 오늘의 내가 아니고,
　오늘의 나는 내일의 내가 될 수 없다.

　생각과 기억은 계속 변하기 때문에 나는 이 순간에도 변하고 있다.

　그런 나에 대하여 확신을 하는 것은 나 자신을 전혀 모르는 것이다.

오늘 '나'를 발견하고, '나'는 알 수 없는 존재이며, 영원히 알 수 없다는 것을 깨달았다. 내 마음을 알고자, 나는 무엇이고, 나는 누구인지를 찾고자 노력하면 할수록 점점 나를 알 수 없는 생각의 블랙홀에 빠져들었던 지난 시간들이 슬프기도 하고, 덕분에 깨달음을 갖게 되었으니 다행이기도 하다.

이 쉬운 것을 왜 몰랐을까?

진리는 어렵지 않고 간단명료한 것인데, 모르면 어렵고 알면 쉽다고 했다. 모르고 살았던 나의 불찰이다. 나를 다시 반성해 보는 계기가 된다.

기억상실증의 사람들이 가장 많이 하는 말이 "나는 누구입니까?"이다. 기억나지 않는 자신을 찾는 것이다.

그럼 "나는 누구인가를 질문하는 사람들은 기억상실증인가?"라고 질문하는 사람들은 기억상실증이 아니라 기억을 망각하면서 살고 있다가 자신을 돌아볼 때 비로소 기억의 망각으로 인하여 자신이 누구인지를 알고 싶은 것이다.

자신과 기억은 불가분의 관계인데 이때 나의 실체는 무엇일까?

생각과 기억은 마음이라 할 수 있는데, 마음은 의식과 무의식으로 구분되는 것을 알 수 있다. 의식과 무의식인 마음은 인식(다섯 개의 감각기관으로 받아들이는 것)과 표현(말과 행동과 표정 그리고 생각 등으로 표현하는 일체)을 하면서 변화하고 저장하고 지우기도 한다. 그러면 지금 이 순간에도 끊임없이 새롭게 형성되고, 변화하고, 없어지는 것임을 알 수 있다. 즉 의식(생각과 기억으로 자각되고 느껴지는 것)과 무의식(생각과 기억으로 자각되지 않고 느껴지지 않는 것)은 계속 변한다는 것이다.

결국 생각과 기억은 순간순간 계속 변화하기 때문에 본질은 없는 것과 같다. 나를 찾는 찰나의 순간은 나의 본질(생각과 기억)이지만, 생각으로 느껴질 때는 이미 과거 나의 생각과 기억이기 때문에 나를 찾을 수 없는 것이다.

그러면 '나는 누구인가?'

존재는 하지만 현재의 나는 없다. 나를 생각하고 자각하는 것은 과거의 나(생각과 기억)이다. 따라서 '과거의 나를 찾고 생각하는 것'이 바로 '나는 누구인가?'에 대한 결론이다. 과거의 나를 보는 것이 생각할 수 있는 '나'이고, 아직 없는 미래의 나를 생각하는 것이다. 끊임없는 생각의 블랙홀에 빠져들 수밖에 없고,

해답을 찾지 못하는 것이 '나는 누구인가?'이다. 해답 없는 '나'를 계속 찾는 것은 생각의 블랙홀에 더욱 깊이 빠져들게 만든다.

마음은 무엇인가?

 마음의 구성은 의식과 무의식이고, 의식은 기억과 생각이며, 무의식은 의식을 작용하는 에너지이다. 마음은 생각의 느낌이고, 과거의 경험과 기억에 의한 생각이다. 그래서 마음은 과거의 기억과 생각의 느낌이다.

 인간은 남녀노소를 불문하고 마음이 똑같은 사람은 단 한 사람도 없다. 자신의 경험과 기억은 오롯이 자기 자신이기 때문이다. 결국은 자신의 기억은 자신의 마음이고, 인생이고, 삶이라 할 수 있다. 자신 이외의 모든 사람들은 기억의 일부분이고, 마음의 일부분이며, 인생과 삶의 일부분일 뿐이다.

 그런데, 대부분의 사람들은 마치 자신의 모든 마음, 인생, 삶이 타인 또는 다른 사람들에 의하여 작용한다고 생각한다. 그래서 타인을 탓하고, 상대를 원망하고, 상대로부터 상처받고 아파하고 힘들어한다. 자신의 마음, 인생, 삶을 생각하지 않기 때문이다.
 자신의 마음은 자신의 경험과 기억의 느낌이다. 마음이 아프다는 것은 자신의 경험과 기억이 아픈 느낌을 갖기 때문이고, 마음이 행복하다는 것은 자신의 경험과 기억이 행복한 느낌을 갖기 때문이다. 즉 의식의 기억과 생각은 그대로이지만, 마음에너지의 작용이 긍정으로 작용하느냐, 부정으로 작용하느냐에 따라서 행복의 느낌이 될 수 있고, 불행의 느낌이 될 수도 있다.

결국은 행복과 불행은 자신의 마음에 의하여 결정되는 것이고, 이 마음은 의식의 기억과 생각을 작용하도록 하는 무의식인 마음에너지가 작용하기 때문이다.

불행과 행복은 과거의 경험과 기억에 의하여 결정되는 것이 아니다. 자신의 마음에너지가 긍정 또는 부정으로 작용하느냐에 의하여 결정되고, 마음에너지는 오롯이 자신만이 만든다. 따라서 과거의 상처는 행복과 불행을 결정하지 않는다.

자신의 마음을 아는가?

자신의 마음을 알지 못하면, 다른 사람들(사랑하는 사람, 부모님, 배우자, 자녀…)의 마음도 알 수 없다. 상대의 마음을 모르겠다면, 자신의 마음도 모르고 있다는 것을 의미한다. 그래서 마음을 모른 채 계속 반복되는 삶이 인생이다.

자신의 마음을 정확히 아는 것은 이해이고, 이해를 하게 되면 스트레스와 상처가 발생하지 않으며 과거의 상처를 치료한다. 배려는 나중의 문제이다. 우선 자신의 마음을 알아야만 이해를 할 수 있게 된다.

마음은 의식과 무의식으로 이루어지고, 의식은 생각과 기억이며, 무의식은 의식을 행복하게 만들도록 조절한다. 이 말 의미를 모르면 마음은 알 수 없다.

모르는 것은 알면 된다. 정확히 아는 것은 이해이고, 아는 것을 실천하는 것이 배려이다.

행복하게 산다는 것

"행복하게 살아간다는 것, 인간답게 살아간다는 것은 무엇입니까?"
"왜 사람들은 힘들고 아프고 고통스럽게 살까요?"
"즐겁고 재미있게 살면 그게 행복이 아닙니까?"

이 질문에 대해서는 자신의 마음에게 물어 봐야 한다. 행복은 자신의 마음에 있기 때문이다. 즉 자신의 마음을 정확히 알게 되면 행복이 무엇인지 답을 찾을 수 있다. 다만 마음을 정확히 알 수 없기 때문에 사람들은 끊임없이 마음을 찾으려고 한다.

팔만대장경의 모든 글자를 다 합치면 '마음 심(心)' 하나라고 했다. 자신의 마음을 정확히 아는 것이 중요하다는 뜻이다. '색즉시공 공즉시색(色卽是空 空卽是色)'의 뜻이다. 결국 보고 듣고 느껴지는 현상은 보이지 않고 들리지 않고 느껴지지 않는 마음으로 생기는 것이다. 따라서 의식(기억, 생각)보다는 무의식이 중요하고, 이 무의식이 작용하는 원리와 이치를 알아야 한다.

아프고 힘들고 고통스러움을 느끼는 것은 마음에서 행복을 원하고 있다는 것이다. 마음에서는 끊임없이 행복을 추구하고 있다는 뜻이다. 결국 행복의 감정을 가지려면, 아프고 힘들고 고통스러운 감정이 필요한 것이다.

우주만물의 이치가 다 그렇듯이 항상 정반대가 똑같이 존재하고 있다.

즐겁고 재미있게 산다는 것은 기분의 일시적인 느낌일 뿐, 감정의 마음은 없는 것이다. 그래서 행복을 모르게 된다. 결국 자신이 행복하다고 착각하게 되고, 궁극은 파멸하게 된다. 이것이 자연의 섭리다.

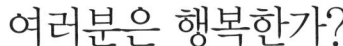

여러분은 행복한가?

"여러분은 행복한가요?"라고 질문하면, "그런 당신은 행복하냐?"고 되묻는다.

나는 행복하지 않다. 다만 행복하게 살아가는 방법은 알고 있다. 그렇게 살려고 노력하고 있지만, 내가 알고 있는 행복한 인생은 아니기에 아직은 행복하지 않다고 말한다.

편안하고 평범하게 사는 것을 행복이라고 생각하는 것은 아닌지, 행복에 대한 생각 없이 그냥 사는 것이 행복이라고 생각하는 것은 아닌지, 재미있고 즐겁게 사는 것을 행복이라고 생각하는 것은 아닌지…

여러분은 어떤 것을 행복한 인생이라고 생각하는가?

편안한 인생, 즐거운 인생, 행복한 인생 중에 어떤 인생을 추구하면서 살고 있는가? 셋 중에 오로지 하나만 선택하여 인생을 사는 것이 인간이니 여러분도 선택해 보자. 여러분은 어떤 인생을 추구하고 있는지.

 행복한 인생은 생각해 본 적 없고, 생각할수록 풀리지 않는 숙제와도 같다.

 그러나 무의식은 의외로 간단했다. 행복은 멀리 있는 것이 아니라 바로 자신에게 있다는 것. 자신의 마음에 있다는 것. 그러나 이것이 무엇인지를 알지 못한다는 것. 그래서 행복은 생각하기에 달린 것이라고 했다. 이를 무의식으로 해석하니 정확한 말이다.

 다만 생각하는 관점이 무엇이냐?, 왜 여자 하기에 달렸느냐? 등을 정확히 이해하느냐가 관건이다. 대부분은 이를 모른다. 심지어 전문가와 종교인들조차 알지 못한다. 무의식을 몰라도 너무 모른다.

 듣고 보기에는 좋은 말, 훌륭한 말로 멋지게 말하기는 하는데, 그 말의 진리를 전혀 모른 채 자만에 빠져서 미사여구를 남발하는 것을 많이 본다. 자신들 때문에 무의식에 문제가 발생하여 사회가 병드는 줄 모른 채.

나로부터의 반성

사람들은 문제가 발생하면 나를 반성하거나, 타인을 탓한다. 나의 잘못 또는 타인의 잘못으로 생각한다.

그러나 대부분은 나의 잘못도 타인의 잘못도 아닌 경우가 많다. 감정 대립하고 싸우고 문제가 발생하는 것은 본질을 모르기 때문이다.

몰라서 발생한 문제이니 잘잘못으로 생각하면 또다시 문제가 발생하는 것은 당연한 것이다.

따라서 문제가 발생하면 잘잘못보다는 무엇을 몰랐는지 생각해 보면 좋다.

무의식을 보는 지혜,
본질을 아는 것이 필요하다.

인간의 마음

　인간은 몸과 마음이 함께 존재한다는 사실은 누구나 알고 있는 진리이다.

　신체인 몸은 현상으로 존재하기 때문에 의학적, 과학적인 연구와 검증으로 발전했지만, 마음과 심리는 추상적인 감정으로 존재하기 때문에 과학적인 증명할 수 없어서 연구하는 데 한계가 있었다.

　심리는 가설과 통계를 이용한 검증으로 과학적인 연구를 시도하고, 신체와 연결한 연구도 하며, 동물과의 비교연구도 지속하고 있다.

　그러나 지금까지 인간의 마음과 심리의 기준, 표준, 근원 등은 발견하지 못했다. 이것이 심리학, 철학, 종교 등에서 마음을 논하는 사람들의 현실이다.

서로 다른 마음

 마음이 같은 사람은 단 한 명도 없다. 지구상의 어느 누구도 똑같은 마음을 갖고 있는 사람은 없다. 아무리 사랑하는 사람이라 할지라도 마음이 다르다.

 사물과 대상을 인식할 때, 인식되는 것은 같을 수 있지만, 마음에서는 다르게 작용한다. 사물과 대상에게 표현할 때, 표현되는 것은 같을 수 있지만, 마음에서는 다르게 작용한다.

 나와 같을 것이라고 생각하는 마음.
 상대의 마음이 이럴 것이라고 생각하는 마음.
 자신이 보고 들은 지식을 확신하는 마음.

 이 모두가 자신의 착각일 뿐이다. 내 생각과 같은 사람은 지구상에 단 한 명도 없다. 그만큼 상대의 생각과 같은 사람도 지구상에 단 한 명도 없다. 내가 생각하는 것에 확신을 갖는 것은 너무도 위험한 생각이다.

마음을 보는 눈

언제부터인지는 모르겠지만, 나는 사람들을 보는 눈이 하나 더 생겼다. 하나는 의식을 보는 눈이고, 또 하나는 무의식을 보는 눈이다.

심리치료를 위한 상담을 할 때는 심리치료를 빠르고 쉽게 할 수 있는 장점이지만, 사람들을 개인적으로 만날 때는 단점이다.

어떤 때는 모르면 좋을 때가 많다. 그러다 보니 사람들과 이야기를 하지 않으려고 하면서 수년 동안을 혼자서 연구를 하면서 시간을 보냈다. 지금도 가능하면 개인적인 만남에서는 무의식을 잘 이야기하지 않는다.

이렇게 무의식을 분석하고 보는 눈을 갖게 된 후, 나는 인간관계에서 고립되어 가는 것을 느낀다.

심리는 단순하다

　심리는 어렵지 않고 단순하다. 물론 대부분의 사람들은 자신의 지식을 기준으로 나를 비난한다. 이는 제대로 심리학을 공부하지 않은 심리의 이단아인 나의 생각이다. 새로운 심리이론을 개발하고 보니 이단아가 되어 버렸다.

　그래도 생각해 볼 것은 인간의 심리를 학문으로 연구하는 심리학에서는 심리를 너무도 어렵게 해석하고 있다는 사실이다.

　과거에는 의학의 호르몬과 연결하여 심리를 해석하더니, 최근에는 뇌 과학과 연결하여 심리를 해석하는 것을 많이 볼 수 있다. '순수한 심리연구는 과학적으로 왜 연구하지 못할까?'

　진리는 어렵지 않고 단순한 것.
　복잡하고 어려운 것은 진리가 아니다.
　심리학자들이 무의식을 과학적으로 해석하고 증명하여 심리기준, 심리표준, 심리원리 등과 같은 진리를 찾아야 할 때가 아닐까 생각한다.

나는 심리학계에서 볼 때는 이단아와 같은 사이비일 뿐이다. 그렇다고 종교석, 사상석, 철학적 연구의 전문가도 아니니 더욱 그러하다.

그저 한 인간으로서 마음의 근원에 대한 호기심으로 20년 이상 인간의 마음을 연구했을 뿐이다. 그래도 가끔은 자신들이 생각한 이론과 다른 이론을 생각해 볼 필요가 있지 않을까?

상생의 길.
무엇인가 있을 것이라는 생각이다.

생각의 오류

인간이 기억하고 생각하는 것은 사실의 작은 일부분이다.

사실의 대부분은 기억하지 못하고 생각을 못 한다.

작은 일부분을 사실의 전부라고 생각하고 확신하면 오류가 발생한다.

이는 인간으로서의 마음이 작용하기 때문이다.

성찰의 시간

나는 성찰의 시간이 필요했다. 너무도 힘들었던 시간이 있었다.

과연 이렇게 글을 쓰는 것이 올바른 것인지, 다른 사람들에게 마음을 알려 주는 것이 올바른 것인지도 생각을 했다. 아니 어쩌면 더 이상 마음과 심리를 연구하고 싶지 않아서 회피하고 싶었는지 모르겠다. 그러면서도 마음과 심리의 연구를 지속하면서도 심리적으로는 큰 부담감에서 벗어나지 못한 채 오랜 시간을 방황했다.

어느 날 우연히 법정 스님에 대한 일대기를 보았다. 나는 특정한 종교를 가진 것도 아니기 때문에 그냥 아무 생각 없이 보기만 했다. 어느 순간 나도 모르게 '당신은 참으로 위대한 분입니다'라는 벅찬 느낌을 갖게 되었다. 그 순간 오랜 시간 가슴을 짓누르고 있었던 답답함과 딜레마에 빠져서 힘들어했던 모든 것이 해결되었다. 자신에 대한 성찰의 시간. 그리고 그 깨달음.

나는 글을 잘 쓰는 사람이 아니기 때문에 항상 글이 투박하고, 공격적이고, 알리려고 하는 의지를 담고 있었다. 또한 글을 통하여 내가 발견한 마음이론과 성마음이론을 알려 주고 싶어 했다. 마음과 심리의 원리와 이치를 알려 주고 싶었다. 그래서 글을 계속 쓰게 되었다.

또한 기존의 상담기법으로는 심리치료가 되지 않는다는 것. 정신병, 정신장애, 이상심리를 치료할 수 없다는 것. 기존의 도서, 논문, 상담, 상담심리, 다양한 도서, 언론, 유명한 분들의 글, 강연, 교육으로는 심리문제는 해결되지 않는다는 것. 등을 알려 주고 싶었다.

그런데 내가 미처 알지 못하는 것이 있었다. 내가 쓰는 글조차도 결국은 알리고 싶었던 것을 알리는 것이 아니라 오히려 문제를 더 많이 만드는 것임을 몰랐다. 이와 함께 역설적으로 나는 지금까지 알려지지 않은 무의식을 알리는 것이 나의 사명이라는 것도 동시에 깨달을 수 있었다.

이제는 마음과 심리에 대한 다양한 글을 편안하게 쓸 수 있을 것 같다. 이것이 내가 할 일이라는 것도 확실하게 깨달았기 때문이다.

무의식을 향한 여정

많은 것을 생각한다. 나는 학자도 아니고, 논문도 쓸 줄 모르고, 책 한 권 내는 것도 잘 할 줄 모르는데, 이런 내가 마음이론과 성마음이론을 개발하였고, 마음과 심리의 이치와 원리를 알고 있다고 말한들 누가 알아줄까?

새롭게 발견한 무의식의 개념에 대하여 전문가와 학자들에게 보급하는 것도 나의 욕심일 수 있다. 그냥 마음과 심리를 연구하면서 필요한 곳에 사용만 하면 될 뿐, 굳이 연구실적, 명성, 명예… 등을 바랄 것이 있겠는가?

그냥 아는 것을 내가 필요한 곳에 적용하기만 하면서 살면 어떨까 하는 생각을 많이 한다. 누군가 알아달라고 연구하고 발견한 것도 아니기 때문이다.

프로이트의 정신분석학을 더욱 구체화할 수 있는 것은 맞는 것 같은데, 지금까지 의식과 무의식을 기초로 하는 심리이론들을 모두 새롭게 수정해야 할 것 같은데, 상담과 심리의 패러다임을 완전히 뒤바꾸는 무의식의 개념과 심리이론을 과연 받아들일까?

책을 쓴다는 것에 대한 거부감이 계속되는 이유를 찾는 중에 있다. 마음과 심리의 이치와 원리, 무의식의 개념은 과연 진리이고 맞는 것일까?

무의식을 습관과 마음에너지로 구분하여 작용하는 원리를 찾은 것 이외는 기존의 내용과 별다를 것이 없는데, 심리치료를 위한 상담에 적용하면 엄청난 결과를 갖게 되는 것일까?

뭐가 될지는 모르겠지만 앞으로 나의 여정을 기록해 볼 참이다. 다양한 마음과 심리의 관련 도서를 읽기는 하지만 읽을수록 답답하다. 그래도 끝까지 읽어 보려고 한다.

마음은 자신만이 만든다

　사람들은 대부분 마음은 외부에서 유입되어 만들어지는 것으로 알고 있다.

　그래서 외부의 다양한 감정이 자신의 마음으로 전이되어 느낀다고 생각한다.

　그러나 인간의 마음에서 작용하는 감정은 외부에서 유입되지 않고, 오로지 각자 개인 스스로가 자신의 마음을 만들고 심리로 작용한다.

　자신의 마음이 희로애락의 감정을 느끼는 것은 자신에게만 작용하기 때문이다.

　다만, 외부에서 유입된 정보와 결합하면서 마치 외부에서 희로애락의 감정이 유입되는 것처럼 착각한다.

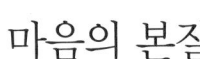

마음의 본질

그동안 마음과 심리의 이론연구에 몰입해 왔고, 가능하면 심리치료의 상담은 하지 않았는데, 어느 날 10년 이상 심리적 고통을 끌어안고 심리상담, 정신과 치료, 병원, 종교 등에 이르기까지 유명하다는 많은 곳에서 심리치료를 하고자 노력했던. 그래서 자포자기 상태에서 마지막 지푸라기라도 잡는 심정으로 찾아온 내담자에 대하여 심리치료의 상담을 할 수밖에 없었다.

이러한 내담자의 공통점은 대부분이 상담전문가나 심리학자보다 훨씬 많은 지식을 갖고 있다. 다만, 보고 들은 것이 워낙 많다 보니 본질보다는 사실에 근거한 이야기를 선호한다. 그래서 굳이 과거의 상처 이야기를 하지 말라고 해도 자꾸 이야기한다.

내가 심리치료를 하는 데 있어서는 과거의 상처, 원가정, 성장과정 등을 알 필요가 없다고 이야기해도 믿지 않는다. 심리검사를 하지 않는 이유도 설명했는데도 여전히 똑같다. 오랜 시간을 그렇게 해 왔느니 충분히 이해한다고 했다.

 의식의 사실과 무의식의 본질. 이 차이를 깨닫게 하려면 시간이 소요되겠지만, 그래도 다른 전문가와는 다르다는 것을 인식한 것만으로도 좋다.

 인간의 본질은 모두가 똑같은데, 의식으로 생각하는 사실만으로 상담하고 있으니 심리치료가 되지 않을 수밖에 없다. 슬픈 현실이 아닐 수 없다.

 상담의 역효과에 대해 생각해 보면서 더욱 연구를 충실해야겠다고 결심한다. 상담이 없는 세상, 교육만으로 심리치료를 누구나 할 수 있는 세상을 빨리 만들어야겠다는 생각을 했다. 포럼을 만들고 지속하는 이유이기도 하다.

 마음이 아프고 힘든 모든 분들에게 말하고 싶다. 무의식의 본질을 알면 심리치료가 저절로 되니 애써 자신이 생각하는 사실이 전부라고 생각하지 말기 바란다. 생각하는 사실을 기억할수록 치료가 어렵게 될 뿐이다.

나를 아는 것은 축복이다

자신을 알아가는 것, 자신을 아는 것은 축복이다.
자신을 잃는 것, 자신을 잃어가는 것은 불행이다.

그럼 자신은 뭐지?

나는 누구인가?
나는 왜 살고 있는가?

이것을 모르면, 자신을 모르는 것.

나는 나를 아는가?

즐겁고 재미있든, 편안하든, 아프고 힘들든…
한 번쯤 생각해 볼 주제는 아닐까 생각해 본다.

보이는 것과 보이지 않는 것

보고 듣고 느낄 수 있는 것을 우리는 흔히 보이는 것이라 한다. 반면 보이지 않고 느끼지 못하는 것을 보이지 않는 것이라고 한다.

의식에서 자각되는 기분에너지는 생각으로 느껴지기 때문에 보이는 것이지만, 무의식에서 자각되지 못한 채 작용하는 감정에너지는 느껴지지 않기 때문에 보이지 않는 것이다. 따라서 보이는 것만이 마음에너지의 전부가 아니다. 보이는 기분에너지는 마음에너지의 일부분에 불과하다. 이로 인하여 진실과 사실을 구분하지 못한다.

생각하는 동물이 인간이기 때문에 의식의 자각에 의하여 생각하는 것에 확신을 갖는 것이 또한 인간이다. 그래서 자신이 의식으로 자각되고 느끼는 생각을 할 때, 확신을 갖고 믿는 것을 진실이라 생각한다.

사실은 보고, 듣고, 느끼면서 과학적인 검증과 확실한 것에 근거한 실질적인 내용이며, 의식으로 자각되고 느끼는 것을 말한다. 그래서 사실은 의식의 자각에 의하여 기분에너지가 작용하면서 생각이 결정한 것이다. 과연 사실이 옳은 것인지는 확실하지 않다. 다만, 자신이 생각한 것이 옳다고 확신하는 것이다.

그러나 진실은 사실이든 아니든 상관없이 본질을 말한다. 본질은 어떠한 것이라도 변하지 않는다. 그래서 진실은 변하지 않는다. 보고 듣고 느끼는 것이 어떠하든, 과학적으로 검증이 되었든 안 되었든, 확실하든 불확실하든 상관없이 변하지 않는 본질을 진실이라고 한다.

대부분의 사람들은 사실을 확신하면 진실이라고 믿는다. 이로 인하여 많은 문제가 발생하기도 하지만, 또한 새로운 것을 창조하기도 하고, 창의력이 생기기도 한다. 따라서 진실과 사실은 맞다 틀리다 논하면 안 된다. 사실은 사실이고 진실은 진실일 뿐이다.

보이는 것만을 진실이라고 믿고 확신하는가? 보이지 않는 것이 진실일 경우가 많기 때문에 보고 듣고 느껴지지 않는다고 하여 진실이 아닌 것은 아니다.

마음을 포장하지 말자

지금까지는 인간의 마음에 대한 이치와 원리를 정확히 알지 못했다. 특히 마음이 에너지에 영향을 받고 있는데, 이치와 원리를 알지 못하기 때문에 자연이나 우주의 이치와 원리로 신비롭게 포장하여 마음을 해석하고 자연의 에너지 또는 우주의 에너지를 몸으로 받아들여서 마음이 작용하는 것처럼 이야기한다.

마음의 에너지는 자연, 우주, 다른 사람 등에 영향을 받는 것이 아니라, 오로지 자기 자신에게서 생성되고 소멸된다.

이제야 마음의 에너지가 작용하는 이치와 원리를 깨닫고, 이를 체계화한 후에 다양하게 적용하면서 기분에너지와 감정에너지가 작용하는 것을 알게 되었고, 이 에너지에 의한 마음이 모두 다른 것을 밝혀냈다.

무엇이든 이치와 원리를 알기 어렵고 복잡하다거나, 배우기 힘들고 애매모호한 것 등은 모두 진실이 아니다. 진실이라 믿게 만들려는 포장에 불과하다.

　남자는 기분에너지를 생성하지만 감정에너지를 생성하지 못하고, 여자는 기분에너지로 감정에너지를 생성한다. 이때 기분에너지는 사실에 대한 기억과 생각으로 자각하도록 하고, 감정에너지는 사실에 대한 감정을 기억과 생각으로 자각하도록 한다. 이로 인하여 남자와 여자의 에너지 흐름이 정반대로 생성, 사용, 소멸된다.

　마음의 이치와 원리를 해석하고 깨닫는 것이 필요하다. 이를 적용하여 기존의 많은 수련과 명상을 분석한 결과, 기존의 수련, 기도, 명상이 기분에너지를 생성하고 작용하도록 하는 것임을 알게 되었다. 왜 지속적으로 평생을 수련해야 하는지의 원인도 밝혀낼 수 있었다.

　이제는 마음의 이치를 정확히 알려고 노력해야 한다. 쓸데없이 자연과 우주의 이치로 포장하여 자신뿐만 아니라 타인들을 현혹하지 말아야 한다. 자신들이 수련하는 것이 기분에너지를 생성하는 것임을 알아야 한다. 그래야만 더 큰 깨달음을 갖고 수련에 정진할 수 있게 된다.

즐거움에 마음이 병드는 사람

요즘은 감정보다 기분을 우선으로 하는 것에 사람들은 열광한다. 잘 먹고, 마시고, 보고, 듣고, 여행하고, 즐기는 등의 다양한 것에 사람들이 몰린다. 일상의 스트레스를 해소하는 것을 넘어서 너무 깊게 몰입하고 빠져들기 때문에 앞으로의 미래가 걱정스럽다. 특히 SNS에 의하여 그 전파속도가 매우 빠르다.

이렇게 즐거움을 추구하는 사람들이 점점 늘어나면서 스트레스로 인한 사건과 사고가 끊임없이 발생하고, 감정보다는 기분에 의존하여 살아가는 사람들이 늘어나고 있다. 이로 인하여 사회문제도 더욱 심각해지고 있다.

현대 사회는 이런저런 일로 인하여 많은 스트레스를 받으면서 살고 있고, 스트레스를 힐링하기 위한 다양한 강연과 교육을 비롯하여 음식, 여행, 요가, 운동, 취미, 기수련, 마음수련 등에 빠져든다.

이렇게 스트레스를 해소하고 기분전환을 할 때는 기분에너지가 좋다. 이 기분에너지는 일시적인 마음에너지로 순간 발생하여 스트레스를 힐링한 후 기분전환을 하고 이내 소멸된다. 그래서 스트레스를 힐링하려는 말과 행동이 반복될 수밖에 없다. 이렇게 기분전환을 위한 기분에너지는 먹고, 마시고, 보고, 듣고, 여행, 취미, 운동, 마음수련 등 다양한 방법에 의하여 생성할 수 있다.

그러나 이 기분에너지를 반복적으로 추구하다 보면, 자신도 모르는 사이에 작은 스트레스에도 기분에너지에 의존하게 되고, 이는 무의식에서 작용하면서 습관화된다. 따라서 점점 더 기분에너지를 추구하면서 살아간다. 이로 인하여 작은 스트레스가 발생하였을 때, 이를 해결하는 자신만의 방법으로 기분에너지를 요구하는데, 이 요구가 충족되지 못할 때에는 매우 강력한 스트레스로 작용하면서 다양한 문제가 발생하게 된다.

이러한 현상은 스트레스를 마음에서 흡수하여 힐링할 수 있는 방법을 찾는 것이 아니라, 다섯 개 감각기관을 충족하는 것만 찾는 것이다. 그래서 기분에너지에 의존하게 되고 감정에너지는 쓸모가 없게 된다. 즉 마음에 병이 드는 것이다.

감정에너지를 생성하는 것은 시간과 노력이 필요하지만, 기분에너지는 빨리 생겼다가 사라지기 때문에 기분전환을 할 때는 빨리 생기는 것을 선택한다. 그러나 감정에너지보다는 기분에너지에 의존하게 되어 마음이 병들고 상처가 발생하는 것은 안타까운 현상이다.

마음의 상처 또는 마음의 병은 기분에너지가 과유불급으로 발생하기도 하지만, 대부분은 감정에너지가 없어서 발생되는 경우가 많다. 결국 우리 사회에서 즐거움을 추구하는 것은 마음에 병이 들 수밖에 없는 것이고, 감정에너지는 점점 소멸되는 것을 알 수 있다.

이렇게 중요한 감정에너지는 오롯이 여성만이 생성할 수 있고, 남성은 여성의 감정에너지를 잘 느낄 수 있도록 기분에너지만 생성할 수 있다. 그래서 여성이 감정에너지가 소멸되어 기분에너지에 의존하면, 쾌락과 즐거움을 통한 일시적인 기분만 추구한다. 따라서 여성이 즐거움만을 추구한다면 마음에 상처가 많다는 뜻이다.

여성의 감정에너지는 스트레스를 자연스럽게 해소시키고, 열정과 성공, 사랑과 행복을 만드는 원천으로 작용하게 된다. 인간의 행복에 중요한 역할을 한다.

마음은 항상 불안정하다

인간의 마음은 항상 불안정하게 지속된다. 의식이 긍정감정으로 치우치면 무의식은 부정감정을 생성하여 안정으로 찾으려고 하고, 의식이 부정감정으로 치우치면 무의식은 긍정감정을 생성하여 안정을 찾으려고 한다. 이것은 정상적인 인간의 마음이다.

재미있고 즐거움을 추구하는 사람들.
느끼고 보이는 것은 그렇지만, 무의식은 끊임없이 부정감정을 생성하고 있다.

아프고 힘들어하는 사람들.
느끼고 보이는 것은 힘들지만, 무의식은 끊임없이 긍정감정을 생성하고 있다.

이렇게 인간의 마음은 항상 불안정한 상태를 유지한다. 그래서 여자는 상처의 부정감정을 잘 기억하기 때문에 상대가 모든 것을 잘하다가 한 가지를 잘못하면, 이후에는 잘못한 한 가지로 인하여 모든 것을 다 잘못된 것일 수 있다고 생각한다. 이처럼 부정감정의 기억오류가 발생한다.

반면 남자는 긍성기분을 추구하기 때문에 상대가 모든 것을 잘못하다가 한 가지를 잘하면, 이후에는 잘한 한 가지로 인하여 모든 것을 다 잘할 것이라고 생각한다. 이처럼 긍정감정의 기억오류가 발생한다.

이는 인간이기 때문에 당연한 현상이고 무의식이 그렇게 작용한다.

지금 여러분의 마음은 어떤 감정인가?
또한 상대의 마음은 어떤 감정인가?
이를 알면 무의식이 어떤 감정을 생성하는지 알 수 있을 것이다.

제2장

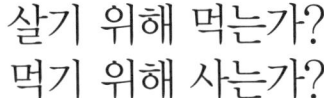

살기 위해 먹는가?
먹기 위해 사는가?

 우리는 살면서 많은 생각을 한다. 누구든 한 번쯤은 생각해 본 적이 있고, 주변 사람들과 이야기를 해 본 경험이 있을 것이다.

 살기 위해서 먹는 사람들도 있고, 먹기 위해서 사는 사람도 있다. 둘 다 틀린 말이 아니고, 조금은 다를 뿐이다. 매우 흑백 논리인 것으로 보인다.

 살기 위해서 먹는 사람들은, 신체의 생존에 초점을 갖고 있다. 삶의 질과 행복보다는 지금 당장의 경제력과 능력이 필요한 것이다. 그래서 살기 위해서는 어떻게든 먹어야만 한다. 음식의 종류, 질, 맛 등도 필요하겠지만 어떻게든 먹는다는 것이 중요하다.

 먹기 위해서 사는 사람들은, 신체의 생존보다는 삶의 질과 행복에 초점을 갖고 있다. 부족하기는 하지만 경제력과 능력이 있거나, 경제력과 능력이 풍요로운 경우라고 할 수 있다. 따라서 먹는 것은 충분히 가능하니까 이제는 음식의 종류, 질, 맛 등이 중요하다.

없을 때는 살기 위해서 먹지만, 여유를 갖게 되면 먹기 위해서 살아간다. 두 가지의 선택은 불가분의 관계이고, 우선순위가 존재할 뿐이다.

이러한 경우는 다른 현상과 연결된다. 어떤 일을 할 때, 어떤 선택을 할 때 많이 생각해 볼 문제이다.

예를 들면, '살기 위하여 일을 하는 사람, 일이 좋아서 사는 사람', '살기 위하여 공부하는 사람, 공부가 좋아서 사는 사람' 등을 생각해 볼 수 있다.

가지면 잃는 것이 있다

 나를 비롯하여 사람들이 참 열심히 해야 할 일을 한다. 물론 해야 할 일이 뭔지도 모른 채 사는 사람들도 있다.

 해야 할 일을 열심히 하는 사람들은 자신의 목표와 방향을 갖고 실천하고 있지만, 불확실한 미래로 심리적 강박 또는 억압을 갖고 있다. 즉 무엇인가에 집중하는 에너지는 정반대의 강박과 억압이 지속되고 있다는 뜻이기도 하다. 그래서 열심히 노력하고 실천하면서 인생을 살아간다.

 하나를 얻으면 하나를 잃는 법.

 그래도 잃는 것보다는 얻는 가치가 크기 때문에 오늘을 투자하여 내일의 결과를 갖고자 한다. 자신의 자아실현인 행복가치를 만드는 노력을 통하여 가치 있는 인생을 살고자 하는 것이다.
 그러나 해야 할 일이 뭔지 모른 채 사는 사람들은 목표와 방향에 대한 생각은 하지만 실천을 하지 못한다. 그래서 미래의 강박과 억압이 없기 때문에 모든 것이 다 잘될 것이라는 막연한 희망이 있다. 열심히 노력할 에너지도 없고, 실천할 필요가 없으며 하루하루를 그저 그렇게 살게 된다.

오늘의 여유를 즐기는 것을 얻기 위하여 내일의 가치를 잃는 것이다. 또한 이미 행복가치를 이루었는데, 굳이 내일의 행복가치가 중요하지 않은 것이다.

여러분은 인생을 어떻게 살고 있는가?

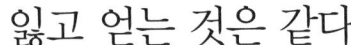

잃고 얻는 것은 같다

'하나를 잃으면 하나를 얻는다. 또한 하나를 얻으면 하나를 잃는다.' 누구나 잘 알고 있는 말이다. 그리고 많이 사용하고 있다. 그러나 이 말은 같은 말로 보이지만, 전혀 다른 말이다.

하나를 잃으면 하나를 얻는다.
이는 실패, 좌절, 어려움, 상처, 고통, 슬픔 등의 상처를 입은 사람들에게 필요한 말이다. 그런데 무엇을 잃었고 무엇을 얻었는지 알지 못하면 하나를 잃은 채 살아간다. 즉 자신이 잃은 대신 얻은 것이 무엇인지 정확히 알면 상처가 치료된다.

하나를 얻으면 하나를 잃는다.
이는 성공, 유명, 인기, 경제적 이익, 편리성, 정보와 지식 등의 좋은 것을 갖게 된 사람들에게 필요한 말이다. 그런데 무엇을 얻고 무엇을 잃었는지 알지 못하면 즐거움, 재미, 쾌락, 자만심으로 살아간다. 즉 자신이 얻은 대신에 잃은 것이 무엇인지 정확히 알면 진정한 행복을 알게 된다.

마음(의식과 무의식)의 원리와 같다.
인간이면 남녀노소가 똑같다.

의식과 무의식은 이처럼 상반되게 작용하고 있음을 알아야 하고, 얻고 잃은 것이 무엇인지 정확히 알아야 한다. 그저 좋은 말, 위로의 말은 그럴듯해 보이지만 심각한 문제를 야기한다. 그래서 마음을 정확히 아는 것이 중요하다.

여러분은 즐겁고 행복한가?
그러면 여러분은 무엇을 잃고 있는지 생각해 보기 바란다.

여러분은 힘들고 어렵고 고통스러운가?
그러면 여러분은 무엇을 얻고 있는지 생각해 보기 바란다.

잘못보다 잘못을 모르면 심각하다

　인간인 우리들은 누구나 잘못을 할 수 있다. 그것이 사소한 것이든, 자신에게 피해를 주는 것이든, 다른 사람에게 피해를 주는 것이든, 매우 심각한 것이든.

　잘못의 피해와 정도에 따라서 잘못된 것에 대한 책임이 뒤따른다. 이는 인간관계와 사회생활에서의 질서와 조화를 깨트리거나 자유와 평등을 위반하는 것에 대해서 잘못을 깨닫고 다시는 잘못을 하지 않기 위한 책임을 지는 것이다.

　그러나 대부분은 잘못에 대한 책임(죄를 지으면 벌을 받는 것)과 잘못에 대한 논쟁, 논란, 회피 등에 관심을 갖는다. 정작 잘못의 원인, 과정, 결과 등에 대한 분석과 잘못을 다시 반복하지 않도록 하는 방법을 통하여 잘못을 정확히 알게 됨으로써 잘못된 것을 아는 것을 중요하게 생각하지 않는 경향이 많다.

　우리는 타인의 잘못에 대해서는 직접적으로든 간접적으로든 영향을 받기 때문에 잘 알고 있다. 그러나 정작 자신의 잘못에 대해서는 자신에게 직접적인 영향을 주지 않으면, 잘못을 잘 인식하지 못한다.

  자신은 잘못이 없다고, 자신은 잘못을 하지 않는다고, 자신은 잘못된 것을 해 본 적이 없다고 자신하는 사람이 있다. 이런 사람들은 대부분 다른 사람들보다 잘못하는 것이 많지만, 자신의 잘못을 인식하지 못하는 경우가 많다. 또한 다른 사람들의 잘못에 민감하게 반응한다.

  인간은 누구나 잘못을 할 수 있다. 그래서 잘못하는 것보다 중요한 것은 자신이 잘못한 것을 정확히 아는 것이다. 다시는 유사한 잘못을 하지 않도록 함으로써 자신과 주변 사람들이 함께 행복하게 살아갈 수 있다.

  우리는 너무 잘못에만 초점을 갖는다. 그래서 죄와 벌에 민감하다. 인간으로서 살아가면서 저지를 수 있는 잘못에 대하여 잘못한 사람이 자신의 잘못을 정확히 알고, 책임을 다하면서, 다시는 유사한 잘못을 하지 않도록 기회를 주고 격려하는 것이 진정한 용서가 될 것이다.

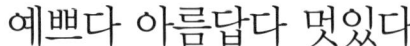

예쁘다 아름답다 멋있다

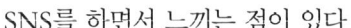

SNS를 하면서 느끼는 점이 있다.

나이가 어리든 많든 모두가 인기인이고 연예인 같고 모두가 심리전문가다. 모든 것을 다 알고 있는 최고 전문가들의 집합소가 SNS이다.

모두가 예쁘고, 멋있고, 아름답고, 대단하다.
이것이 SNS의 장점인가?

나는 어떨까? 하는 생각을 한다.
나이 많고, 볼품없고, 초라하고, 짧은 지식의 나를 본다. 내가 전문가라는 것조차 부끄럽게 느껴진다.

- SNS에서 전해지는 심오한 심리(마음)의 이야기,
- 현란함과 화려함, 미사여구의 수식어들,
- 아름답고 멋진 그림과 글,

– 어려운 용어와 특별한 자신만의 생각과 의견.

 모두가 대단하다. 난 감히 엄두도 못 낸다. 보이는 모습(의식)에 익숙해지고 중독되어 가는 나를 본다. 나도 다른 사람에게는 똑같이 인식되는 SNS를 하고 있겠지. 나의 자화상일 것이다.

 그래서 어떤 것이든 그들의 인생을 통하여 좋든 나쁘든 많이 배우고 있다. 나에게 SNS는 많은 것을 배울 수 있는 배움의 장이다. 많은 사람들의 삶과 인생, 희로애락을 보면서 무의식을 생각할 수 있어서 좋다.

모르는 것과 아는 것

모르는 것은 자랑이 아니다.
모르는 것은 부끄러운 것이 아니다.
모른다고 잘못은 아니다.

모르는 것은 알면 된다.
알고 있다면, 실천하면 된다.

그러나 아는 것을 자랑하면 자만이다.
또한 알면서도 실천하지 않는 것은 부끄러운 것이고 잘못하는 것이다.

그러면 실천하기 전에 자신이 아는 것이 정확한 것인지를 알아야 한다. 실체와 본질을 모른 채 아는 것은 차라리 모르는 것보다 더욱 못한 결과를 갖는다.

정확히 알지 못한 채 다른 사람들에게 자신이 아는 것을 알려 주는 것은 최악이다.

그래서 알려면 본질을 정확히 알아야 한다.

정확히 알고자 하는 것은 부끄럽고 창피한 것이 아니다. 마음, 심리, 의식과 무의식 인간관계, 갈등이 모두 마찬가지이다.

아는 것을 그냥 떠드는 것은 어린아이들도 할 수 있다. 그냥 떠드는 것을 좋은 것이라고 열광하고 본질이고 진리라고 생각하는 사람들은 최악이 되고 있다는 뜻이기도 하다.

내가 아는 것은 과연 본질이고 진리일까?
여러분이 아는 것은 과연 본질이고 진리일까?

좋은 말과 훌륭한 말씀

많은 유명한 분들의 주옥같은 훌륭한 말씀.
주변 사람들의 좋은 말.
SNS상의 멋진 말, 좋은 말,
삶에 깨달음과 성찰을 할 수 있는 말.

많은 사람들이 얼마나 좋은 말을 많이 쓰는지 놀랍다. 훌륭하고 멋있고 좋은 글들이 모두가 하나하나 주옥같다. 어디서 그런 주옥같은 글을 많이 가져 왔는지 참으로 대단하다는 생각을 한다.

나는 아직 아는 것이 별로 없어서 그저 생각날 때 내 생각만 쓰기 바쁘다. 좋은 말인지 아닌지 구분하지도 않는다. 아는 지식도 그리 많지 않아서 딱히 어떤 주제로 글을 쓰지도 못한다. 그저 생각나면 쓰고, 생각나지 않으면 말고. 그래서 그때그때 생각날 때 글을 쓴다.

훌륭하고 멋지고 주옥같은 글은 지식을 갖고 있는 사람이라면 누구나 쓰고 말할 수 있다고 생각한다. 그런데, 그저 지식으로서 훌륭하고 주옥같기만 하다면 무슨 소용이 있을까?

새로운 말과 글은 어리석은 군상들이 쓰는 말에 불과한 주옥같은 글이 참으로 많다. 그러나 아무리 많은 말과 글이라 할지라도 이를 자신의 것으로 만들지 못하면 그저 자신에게는 지식일 뿐이다. 자신의 삶과 인생인 마음에는 전혀 관계가 없는 것이다.

보기에는 그럴듯하고, 훌륭하고, 멋지고, 좋은 말을 하는 유명인, 정치인, 학자, 방송인, 전문가 등이 많다. 이들은 자신의 지식과 마음의 차이를 알고는 있을까?

말과 글은 지식에서 나오는 경우가 있고, 그 사람의 삶과 인생에서 나오는 경우가 있다. 지식에서 나오는 경우는 그저 지식일 뿐이고, 삶과 인생에서 나온 경우에는 그 사람의 심성마음이라 할 수 있다. 즉 말과 글은 그것을 하는 사람의 것이지, 읽고 보는 사람들의 것이 아니라는 사실을 알아야 한다.

다만 읽고 보는 사람들이 이를 지식으로 받아들일 것인지, 삶과 인생의 경험으로 받아들일 것인지에 따라서 그 사람의 삶과 인생이 달라진다. 그래서 주옥같은 훌륭한 말과 글에 우리들이 열광하는 것이라고 생각한다.

구슬이 서 말이라도 꿰어야 보배다.
아무리 많은 지식이 있더라도 자신의 것으로 만들지 못하면 지식은 그저 생존의 수단이 될 뿐이다.

빈 깡통은 소리가 요란한 법.
지식이 아무리 많아도 이것이 마음에 없으면 빈 깡통과 같은 것이다.

너 자신을 알라.
지식이 많다고 자랑하지 말고, 그것이 자신의 마음에 담았는지 알아야 한다. 마음에 담으면 지식은 없어진다. 따라서 자신의 마음을 모르면 지식은 자신만을 위한 것일 뿐이다.

계영배.
지나침은 없는 것보다 못하다. 지나친 지식은 오히려 마음을 병들게 한다.

자기 생각이 옳다고 확신한다

나의 주변에서 일어나고 있는 다양한 사람들의 상황과 문제들. 모두가 하나같이 자신이 생각한 것이 옳다고 확신하면서 모든 문제의 원인은 상대에게 있다고 확신하고 있다. 나는 알고 있다. 그들이 자신의 생각이 옳다고 확신할 수밖에 없는 이유를.

나도 나의 생각이 옳다고 확신하지 않으려 노력을 많이 하지만, 인간이기 때문에 어쩔 수 없이 나도 그러한 경우가 많다. 그래도 매일 문제에 대하여 다시 생각해 본다. 내가 혹시 나의 생각에 빠져서 나 자신을 합리화하기 위하여 확신하고 있는 것은 아닌지, 상대의 말과 행동에서 내가 알지 못하는 것이 있을지도 모른다.

인간은 자신의 경험과 지식을 기억하고 생각한다. 그래서 자신의 경험과 지식의 범위에서 해석하고 생각하고 확신한다. 이때 자신의 경험과 지식이 인간의 삶과 인생을 전부 알지 못한다면, 상대의 경험과 지식을 모르고 있다면, 그러면서 상대에 대하여 알고 있는 자신의 생각이 옳다고 확신한다면, 이는 왜곡되고 잘못될 수밖에 없다. 결국 자신의 생각과 확신은 잘못된 진실을 보고 들은 사실만으로 확신하는 것이라 할 수 있다. 이런 일은 나뿐만 아니라 주변의 모든 사람들에게서 발생하는 현상이다. 우리 모두가 인간이기 때문이다.

그러면 최소한 인간으로 살면서 생각하는 것은 이러한 현상을 바로잡을 수 있기 위함이다. 그래야 인간답게 사는 것이고, 인간으로서 이해할 수 있게 되고, 나아가서 배려할 수 있게 된다.

자기 생각이 올바른 것이라고 자기 확신에만 빠져 있다면, 이 얼마나 위험하고, 어리석은 것인가? 보고 들은 것이 전부라고 생각하지 말라. 보이지 않는 것, 듣지 못한 것이 훨씬 더 많다. 보고 들은 것은 진실의 일부분에 불과한 사실일 뿐이다. 보고 들은 것이 사실이라면, 보이지 않는 것까지 정확히 알아야 진실일 것이다. 그런데 보고 들은 것만으로 진실이라 믿고 확신한다면 이 자체가 자기 상처 또는 인간관계의 문제로 작용한다.

내가 확신하는 것이 잘못되었다면?

마음이론과 성마음이론을 개발한 후 나는 항상 나에게 묻는다.

내가 알고 있고 생각한 것을 확신할 때, 이것이 잘못된 것이라면

- 내가 알고 있는 것이 정확한 진실인가?
- 내가 생각한 것이 옳다고 확신하는가?

나는 사람들에게 종종 말한다.
"자신이 알고 있는 것이 전부는 아닐 것이라는 것, 그리고 생각한 것이 진실이 아닐 수 있다는 것. 그래서 끊임없이 연구해야 한다."

그래서 개발한 심리이론과 치료기법을 가르치는 것에 대한 걱정과 회의가 많다.

내가 정말 잘 하는 것일까?
내가 아는 것이 잘못된 것이라면 어떻게 하지?
나는 과연 자격이 있는 것일까?

만일 내가 아는 것이 잘못된 것이고, 진실이 아니라면 어떨지도 생각해 본다.

엄청난 정보와 자료가 양산되고, 전 세계가 공유하는 시대에 왜곡된 것, 잘못된 것, 사실, 진실 등을 어떻게 구별하지?

진리와 궤변의 차이

진리(眞理)는 참된 이치 또는 우주의 근원적 원리를 말하고, 궤변(詭辯)은 형식적으로 타당해 보이는 논증을 이용해서 거짓인 주장을 참인 것처럼 보이게 하는 논법을 말한다.

진리는 하나이지만, 궤변은 매우 많다.

진리와 궤변이 대립하면 궤변이 일시적으로는 이긴다. 그러나 궁극에는 진리가 이긴다. 궤변과 궤변이 서로 대립하면, 파멸할 뿐 진리는 없다.

진리를 알면 궤변은 없다.

진리는 많은 궤변을 이해하고 해석할 수 있지만, 많은 궤변은 진리를 이해할 수 없고 해석할 수 없다. 궤변이 많은 것은 진리를 모르기 때문이다.

궤변은 자신의 만족이지만, 진리는 모두가 만족한다. 궤변은 사실에 근거하기 때문에 그럴듯하지만, 진리는 사실의 근본에 근거하기 때문에 정확하다.

진리는 보이지 않지만, 궤변은 잘 보인다. 그래서 궤변을 잘 믿는다.

궤변은 진리를 거부하지만, 진리는 궤변을 해석하고 포용한다.

궤변은 진리와 대립하려고 하지만, 진리는 궤변과 대립하려 하지 않는다.

마음의 관점에서 보면 진리는 하나일 것인데, 궤변이 너무도 많은 것은 아닌지 생각해 본다. 나 또한 궤변 중에 하나는 아닐까? 그래서 진리를 탐구하는 것을 멈출 수 없다.

전문가라면 자신을 먼저 알아라

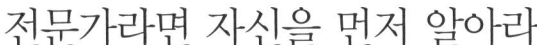

오늘 한 제자가 강연준비를 하고 있었다.

원래 나는 간섭을 잘 하지 않지만, 본인의 요청이 있어서 강연준비를 Check해 주었다. 강연준비는 잘 되었고 훌륭하게 준비를 했다.

그런데, 강연의 내용은 전면 재검토하고, 강연을 듣게 되는 사람들의 무의식을 잘 헤아려 다시 준비해 보라고 했다. 준비된 것은 기분전환의 용도일 뿐, 힐링이 아니라 킬링의 강연이기 때문이었다. 그렇다고 혼낸 것은 아니다. 모두 다 그렇게 준비하기 때문이다.

다만, 무의식을 제대로 해석하고 배웠고 전문가로서 우선 자신의 강연이 자신 스스로부터 힐링인지 킬링인지는 알아야 제대로 강연을 준비할 수 있다고 말한 것이다.

자신이 전문가라면, 자신이 하는 강의 또는 강연이 사람들에게 힐링이 될지, 킬링이 될지를 먼저 자신을 알았으면 한다.

요즘 너도나도 힐링을 위한 강연이나 강의를 하는 것을 보면 참으로 안타깝다는 생각을 많이 한다.

일시적인 기분전환이 무슨 힐링이라고 하는지.
그것이 킬링이 된다는 것을 아는지 모르는지.
이 세상이 어쩌려고 이러는지 참으로 안타까운 생각이 들었다.

자신이 말하는 우문현답(愚問賢答)

우문현답(愚問賢答)이라는 말을 많이 사용한다.

우문현답의 뜻을 살펴보면, "어리석은 질문에 대한 현명한 대답"이라고 정의하였다. 따라서 현명한 대답을 위해서는 어리석은 질문이 있어야 한다.

상대의 질문이 어리석은 것이라야 한다는 뜻이다. 그래서 이 용어는 자기 자신이 쓸 수 있는 말은 아니다.

다른 사람들이 현명한 사람이라고 생각하는 사람에게 쓸 수는 있지만, 자신이 우문현답이라고 사용하는 것은 상대의 어리석은 질문이라고 뜻하는 것이다.

결국 자신이 사용하는 우문현답은 자화자찬이고 자기 자만이다. 자만심이야말로 가장 어리석은 것이 아니던가?

현명한 사람이라면 스스로가 우문현답이라는 용어를 사용할 수 없을 것이다. 많은 지식이 있으면 뭐하겠는가?

차라리 현문우답(賢問愚答)이 좋지 않겠는가?

죽을 때 철들고 철들면 죽는다

'철들면 죽는다.'
'죽을 때 철든다.'

그런데 왜 사람들은 깨달으려고 하는가?
철드는 것과 죽는 것이 동일하게 작용하는데 말이다.

여러분은 철들려고 노력하지 말라.
그냥 마음의 본질을 알면 된다.

마음의 본질을 모르면 아무리 지식이 많고 지위가 높더라도 어리석은 사람일 뿐이다.

깨달음은 무의식의 본질을 알면 된다.
무의식을 알게 되면 왜 철들지 말라고 했는지도 알게 된다.

인간의 가치와 존엄

인간은 그 자체로 존중받아야 한다.
인간은 그 자체로 존엄하고 위대하다.

인간의 마음을 알면 어린아이 일지라도 진리를 쉽게 알게 된다.

"범죄자도 인간인데 존엄하고 위대하다는 것이냐?"고 묻는 사람도 있다. 범죄자는 범죄를 저질렀기 때문에 응당 그 죗값을 치러야 한다. 그러나 범죄자도 인간이기 때문에 마음을 갖고 있다. 다만 마음이 왜곡되게 형성된 것일 뿐이다. 그래서 '죄는 미워하되 인간은 미워하지 말라'고 했다.

상대를 용서하고 싶다면, 상대의 마음을 정확히 알아야 한다. 그냥 용서하는 것은 또 다른 억압이고 강박이다. 진정한 용서는 마음을 정확히 알아야 가능하다. 아는 것은 이해이고 용서는 배려이기 때문이다.

인간은 마음을 알게 되면, 인간으로 살아가는 방법과 원리 그리고 형성되는 마음을 알게 된다. 희로애락의 소중함도 알게 된다. 인간의 가치도 알게 된다. 인간이 얼마나 위대하고 존엄한지 알게 된다. 자신도 인간이고 다른 모든 사람들도 인간이라는 것도 알게 된다.

현실 사회에서 발생하는 심리장애, 자살, 범죄, 갈등 등은 인간의 마음을 모르기 때문에 발생하는 현상이다. 즉 이해와 배려를 전혀 못 하고 있기 때문이다.

누구나 이해와 배려라는 말을 많이 사용하면서도 이해와 배려의 진리를 모른 채 말로만 하고 있기 때문이다. 방송과 언론, 학자와 전문가, 그리고 모든 사람들이 이해와 배려의 진리를 알지 못하고 있다. 이 슬픈 현실이 슬픈 인간, 가족, 사회, 국가를 만들고 있는 것이다. 점점 더 사회가 병들어 갈 수밖에 없다.

훌륭한 말씀의 과유불급

훌륭한 말씀이 많다. 인생의 참다움을 느낄 수 있고, 주옥같고, 멋있고, 힐링되는 말씀들이다. 그런데, 훌륭한 말씀이 너무 많다. 과유불급이라고 했던가? 너무 많으면 없는 것보다 못하다.

본질은 하나인데, 본질을 모르면 복잡하고 많아진다. 우리의 사회가 넘치는 강연과 말씀들로 인하여 '과유불급'이 더 강화되는 것은 아닌지 생각해 보아야 한다. 지금 이 순간에도 전 세계는 끊임없이 많은 훌륭한 말씀이 너무 많이 만들어지고 있다.

이젠 본질을 찾아야 하지 않을까? 본질 하나면 될 것을. 훌륭한 말씀을 많이 하시는 유명한 분들을 상담할 때마다 느끼는 생각이다. 그저 본질 하나만 알면 그토록 힘들지 않아도 될 것이고, 상담이 필요하지 않았을 것인데. 안타까운 마음을 갖는다.

백조의 아름다움과 슬픔

　사랑을 나누는 백조의 모습을 보면 아름답다. 인간도 서로 사랑하고 행복하면 얼마나 좋을까? 자연의 운치와 함께 호수 위에 유영하는 백조의 모습. 행복한 인간의 모습도 겉으로 보면 이렇게 보일 것이다.

　그러나 보이지 않는 물 밑의 발은 끊임없이 바둥바둥. 그래야 보이는 모습이 아름다울 것이고, 아름다움을 위하여 발은 계속 움직이지 않으면 안 되는 것. 움직이는 발을 보고 알게 되면, 고고하고 멋있고 아름다웠던 백조가 슬프게 보인다.

　우리 인간의 모습을 생각해 본다.
　보이는 것이 아름답고 훌륭하고 멋있을지는 모르겠으나, 보이지 않는 무의식은 끊임없이 작용하고 움직이면서 강박과 억압이 만들어지고 있다는 것을 알면 좋겠다.

　아름답게 보이지만 슬픈 우리들의 모습이 아닐는지.

인생의 길

    인간이라면 나를 비롯하여 누구나 인생이라는 길을 걷는다. 어린아이부터 노인에 이르기까지 누구나 인생의 길을 걷고 있다.

    그 인생의 길에서 희로애락을 경험하고, 자기 자신의 마음을 잃어가면서, 자신의 인생이 무엇인지 모른 채, 인생의 길 끝에는 죽음이 기다리고 있을 것인데, 자신은 죽지 않을 것이라 생각한다. 아니 죽음을 생각조차 하지 않는다.

    나는 수년 전 새로운 심리이론을 발견했을 때, 이 작은 깨달음을 통하여 마음을 알게 되면서 인간의 존엄성과 위대함을 알게 되었고, 그 앎의 희열을 느꼈던 때를 생각한다. 그러면서 소중한 나의 인생을 생각하게 되었다.

    나는 오늘 하루 살아 있음에, 희로애락을 느낄 수 있는 것에 감사하는 마음으로 하루를 시작한다.

요즘은 60대~80대의 내담자들이 많다. 자신의 마음을 찾고자 하는 분들이다. 그래도 찾으려고 하시는 내담자들은 행복하게 잘 살았고, 남은 인생을 의미와 가치를 갖고 행복하게 잘살게 될 것이다.

인간의 마음을 알면 행복해진다는 진리를 찾게 될 것이다.

나이가 많고 적은 것을 떠나서 자신의 마음을 알고 삶의 의미와 인생의 가치를 알고 사는 사람이 많았으면 좋겠다.

제3장

인사가 만사다

사람이 필요하다.

나이는 상관없는데, 하찮은 것일지라도 자신만의 장점이 있는 분, 어떤 분야이든 전문가인 분 등이면 좋겠다. 이런 분들이 무의식을 알게 되면 더욱 큰 날개를 달게 될 것이니 말이다.

설령 지금은 아무것도 없을지라도 의지와 열정을 갖고 성취를 향해 노력하겠다는 사람이라면 청출어람이 될 것이라 확신한다.

의지박약은 쓸모가 없지만, 강력한 의지와 열정을 가진 사람은 무엇이든 이룰 수 있는 능력을 갖고 있기 때문에 존중한다.

무엇을 하든 사람이 해야 한다.

나에게는 함께하는 사람이 필요하고, 만천하로 펼쳐낼 사람이 필요하다. 펼치는 사람은 부와 명예가 함께할 것이라고 생각한다. 그래야 비로소 나의 행복이고 보람일 것이다. 이 때문에 비록 잘 나지도 못하고 보잘것없는 나는 오늘도 심리이론을 연구·개발하고 전문가들을 교육한다.

나의 내면에 행복과 보람을 위하여.

진리를 아는 사람과 모르는 사람

진리를 모르는 사람

답답하고 무지몽매하지만, 타인에게 피해를 주지는 않는다. 자신이 모른다는 것을 인식하면 알려고 노력하겠지만, 자신이 모른다는 것을 모르면 아무 생각이 없다. 무관심이다.

진리를 어설프게 아는 사람

자신이 어설프다는 것을 모르면 상대에게 피해를 준다. 그리고 상대가 선택한 것이라고 생각한다. 그러나 자신이 어설프게 아는 것을 인식하면 더 많이 알려고 노력한다.

진리를 잘못 알고 있는 사람

무엇이든 피해를 입힌다. 그래서 많은 사람들에게 피해를 입힌다. 자기 확신으로 자만하고 오로지 자신만 생각한다. 그러나 자신은 그 사실을 전혀 모른다. 차라리 모르는 사람보다 못하다.

진리를 정확히 아는 사람

자신도 상대에게도 행복을 만든다. 그리고 아는 것을 화려하게 포장하지 않고 간결하다. 또한 정확히 아는 사람을 보는 눈을 갖고 있다.

용서 이해 배려

용서는 '상대 스스로가 잘못에 대한 반성과 자신의 잘못에 대한 대가를 치를 수 있도록 기회를 주는 것'이다.

용서를 하려면 반드시 이해와 배려가 필요하다.
이때 이해는 무엇이고, 배려는 무엇인지 정확히 알아야 하는데, 우리들은 이해와 배려에 대한 의미조차도 정확히 아는 사람이 많지 않다.

우리가 아는 이해와 배려가 정말 맞는 것일까?

'이해는 자신의 마음에 여유와 행복을 갖게 되어 자기 스스로 심리치료가 되고, 배려는 상대의 마음에 여유와 행복을 만들어 주고 상대를 치료한다.' 이 말이 왜 그런지를 이해하지 못한다면, 이해와 배려를 모르고 있는 것이다.

용서, 이해, 배려는 인간의 행복에 반드시 필요한 것인데, 의미를 정확히 모른다는 것이 문제이다. 그저 자신이 생각하는 것을 기준으로 용서, 이해, 배려를 하는 것은 더 큰 문제를 야기하는 원인이 된다.

상담, 교육, 강연 등으로 많은 사람들에게 행복을 전달하는 전문가라면 이해와 배려, 용서 등의 의미와 실행방법 등을 정확히 알아야 하지 않을까?

항상 자신이 하는 상담, 교육, 강연 등이 왜곡되고 잘못된 것은 아닌지 깊이 생각하고 또 생각해야 한다. 최소한 전문가라면 자기 스스로가 반성부터 먼저 해야 한다고 본다.

나의 탓, 남의 탓

자신의 잘못에는 관대하고, 상대의 잘못에는 분노하는 사람.

자신이 잘 한 것에는 자화자찬에 흥분하고, 상대가 잘 한 것에는 질투하고 시기하는 사람.

자신의 어려움은 타인을 탓하고, 상대의 어려움은 무관심한 사람.

자신의 행복은 자신이 잘 한 것이고, 상대의 행복은 운이 좋았다고 하는 사람.

이것이 우리의 자화상은 아닌가 생각해 본다.

나 또한 이렇게 살아온 것을 몰랐으니, 참으로 부끄럽다는 생각을 한다.

자존심과 자존감

자존심은 타인에 대한 나의 마음이고, 자존심이 상한다는 것은 타인의 생각과 말과 행동이 나의 마음에 스트레스 또는 상처로 작용하는 것이라 할 수 있다.

자존감은 자신에 대한 자신의 마음이다. 자존감이 낮다는 것은 자신에 대한 존중과 가치를 스스로가 낮다고 느끼는 감정이고 마음이다.

자존심과 자존감은 모두 나의 생각에 의하여 결정되는 감정이고 마음이다.

나의 생각이 왜곡되고 잘못된 것인데 이를 올바르고 맞는 것이라고 확신한다면, 나의 자존심과 자존감이 옳고 맞는 것이라고 생각하는 것은 나의 자만과 오만이고 자존감도 없고 자존심도 없는 것이 아닐까 생각한다.

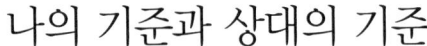

나의 기준과 상대의 기준

자신감이 강할수록, 성공한 사람일수록, 신념이 강할수록, 지식이 많을수록, 똑똑할수록, 안하무인일수록, 똥고집일수록 자기 기준이 명확하다. 그리고 자신의 기준에 의하여 삶과 인생을 살게 되고 남자든 여자든 동일하다.

남녀노소와 관계없이 심리의 기준(가치기준, 감정기준)을 누구든 갖고 있다. 자신의 기준이 있듯이, 상대도 기준을 갖고 있다. 부모는 부모의 입장에서의 기준이 있고, 자녀들은 자녀들의 기준을 갖고 있다. 그런데 대부분은 자기 기준만 생각한다. 맞느냐 틀리느냐, 좋냐 나쁘냐. 자기 기준에 의하여 모든 것을 생각하고 확신한다. 자기 기준은 자신이 살아오면서 갖게 된 것이기 때문에 당연한 현상이다.

상대도 상대의 기준에 있다는 것을 생각하지 않는다. 자기 기준에 맞는 것은 옳고 좋은 것이고 흥분하고 좋아한다. 자기 기준에 맞지 않는 것은 틀리고 나쁜 것이라고 확신하여 상처받는다. 이것이 대립, 갈등, 싸움의 실체이다.

　인간관계로부터 국가, 정치, 사회, 문화… 모든 분야도 마찬가지이다.

　이는 인간이기 때문에 나타나는 현상이다.

　이는 잘못된 것이 아니다.
몰라서 무지해서 발생하는 인간의 자연스러운 현상이다. 모르고 살기 때문에 항상 자기가 옳다고 주장하게 되고, 자기 기준으로만 생각하고, 대립과 갈등이 계속 발생하는 것이다.

질문에 대한 분석

사람들은 나에게 질문을 많이 한다. 질문의 의미와 의도가 다르다는 것은 누구나 알고 있다. 그래서 나에게 질문하는 유형을 몇 가지로 분류해 보았다.

1. 몰라서 궁금해서 질문하는 경우

이런 경우는 배우고자 하는 의지이다. 질문한다는 것은 모르는 것을 알고 싶다는 뜻이다. 대답할 가치를 갖는다. 이때 내가 하는 대답은 나의 생각임을 말한다. 나 또한 틀릴 수 있으니까.

2. 알고 있으면서 질문하는 경우

이런 경우는 대부분 자신의 콤플렉스가 작용한다. 자신이 아는 것을 확인하고자 하는 경우일 수 있고, 또는 자신이 알고 있다는 것을 자랑하고 싶은 경우이다. 그러면 나는 그냥 웃는 것으로 대답을 대신한다.

3. 상대의 약점을 찾고 싶어서 질문하는 경우

이런 경우는 상대가 모르고 있다는 것을 공격하기 위한 질문이다. 상대에 대한 열등감, 부러움, 시기심 등이 작용할수록 더욱 그렇다. 즉 상대의 대답에 따라서 공격과 방어를 위한 것이다. 그러면 나는 침묵하거나, 잘 모른다고 말한다.

4. 질문에 진리가 있는 경우

이 경우는 상대가 잘못 알고 있는 것을 깨우쳐 주고 싶을 때 하는 질문이다. 주로 스승이 제자에게 하는 질문이다. '화두'와 같은 것이다. 이런 질문에는 배우겠다는 자세로 알고 있는 모든 것을 이야기한다. 대답을 많이 할수록 오히려 더욱 정확히 알게 된다. 즉 배울 수 있게 된다.

질문으로 말장난하는 사람

　말장난은 흔히 개그 또는 유머로 농담으로 인식하기 때문에 기분을 좋게 한다. 답답하고 힘들고 어려운 세상일수록 개그와 유머로의 말장난, 사회, 정치, 다른 분야의 풍자를 하는 말장난 등은 인간의 마음을 잠시 동안이라도 기분전환을 해 주는 청량제와도 같다.

　그러나 말장난의 도가 지나치면 누군가에게는 상처를 입히고, 많은 사람들의 인생을 불행하게 만드는 원인이 된다. 더욱이 자신이 도에 지나친 말장난을 하고 있는지 모른 채, 사람들이 자신에게 많은 관심을 갖는다고 착각하면서 자만심에 빠진 사람들이 너무도 많다. 말장난을 심하게 하는 사람들을 보면 안타까움을 넘어서 그 말장난을 진실이라 생각하는 사람들이 받을 상처를 생각하면 이러지도 저러지도 못하는 나 자신이 한심하게 느껴질 정도이다.

　방송, 언론, 강연과 교육, 정치, 경제, 사회, 문화… 전 분야에 걸쳐서 말장난에 불과한 말들이 교묘하게 지식으로 포장되고, 대단한 능력으로 인정받는 것을 볼 수 있다. 의식의 관점에서 볼 때는 매우 훌륭한데, 숨겨진 무의식에서 볼 때는 매우 치명적인 말장난임을 알 수 있게 된다. 한마디로 '눈 가리고 아옹' 하는 것이고, 말장난으로 우리를 우롱하는 것이다.

대표적인 경우가 질문의 말장난이다. 이는 상대의 경험과 지식을 역으로 이용하는 방법으로 자신을 높이는 데 많이 사용하는 말장난이다. 주로 지식과 경험이 없는 경우, 다른 사람들보다 경쟁우위에 있고 싶은 경우, 자신의 주장을 합리화할 때, 자신이 마치 최고인 것으로 알리고 싶은 경우 등 부정적 의미가 많다.

자신의 경험, 지식, 생각 등의 의견을 설명한 후에 이에 대하여 상대에게 질문을 하는 경우가 정형적인 모습일 것이다. 그러나 자신의 의견은 극도로 제한하면서 상대에게 질문하여 대답을 유도한 후, 그 대답에 대해서 잘잘못, 옳고 그른 것, 문제와 대책 등을 논하는 경우가 대부분 이에 해당한다. 결국 자신의 지식과 생각은 대답에 한정하여 의견만 제기하면 모든 것에 자신의 의견을 반영하게 되는 의식(기억과 생각)의 논리에 편승하는 방법이다. 마치 자신은 노력도 하지 않은 채, 상대의 에너지를 기생충처럼 빨아먹으면서 크게 성장하는 것과 같은 것이다.

　질문하기 전에, 그 질문에 대한 자신의 의견(경험, 지식, 기억, 생각)을 충분히 이야기하자. 그래야 다른 사람들도 본질을 정확히 알 수 있고 서로에게 유익하다. 우선은 자신의 의견부터 이야기하라. 그래야 상대의 의견과 결합하여 상승의 시너지효과를 만들 수 있는 것이다. 상대의 에너지를 빨아먹는 기생충이 되지 않길.

　이외에도 지나친 말장난은 매우 많지만, 이를 볼 수 있는 무의식 작용을 알지 못하니 제대로 걸러지지 못한 채 교묘하게 포장된 말장난에 의하여 우롱당하는 일이 비일비재하다.

　상대의 말장난에 우롱당하지 않기를 바란다.

진실을 모른 채 산다는 것

책을 읽을 때, 저자의 말(강의)이 들립니까?
음식을 먹을 때, 요리한 사람의 마음이 느껴집니까?
상대가 말할 때, 상대의 무의식이 보입니까?
사랑을 할 때, 상대의 감정이 느껴집니까?

읽고, 먹고, 말하고 사랑하는 것은 사실이다. 저자의 말, 요리사의 마음, 상대의 무의식, 상대의 감정 등을 아는 것은 진실이다.

그런데, 매사 모든 것에서 진실을 알면 인간으로 살 수 없다. 그래서 진실을 모른 채 살아가는 것이 인간답게 사는 것이다.

인간답게 살다가 희로애락의 감정문제가 발생하면, 이는 사실과 진실의 충돌로 발생하기 때문에 진실을 알면 감정문제가 해결된다. 즉 인간답게 살고, 인간답게 해결하는 것이 행복이고, 감동이며, 우리의 인생과 삶이다.

웃음의 허와 실

 웃음은 인간에게 매우 유익하고 건강하여 몸과 마음에 긍정적으로 작용한다. 그래서 교육을 비롯하여 다양한 분야에서 웃음을 유발하도록 함으로써 긴장감, 불안감, 답답함, 스트레스 등을 해소하는 용도로도 많이 사용하고 있다. 이처럼 누구나 알고 있는 웃음의 긍정적인 면도 있지만, 부정적인 면에 대해서는 논하지 않는다.

 웃음은 인간의 긍정기분으로 일시적인 강한 긍정기분을 유발한다. 웃음은 스트레스를 해소하는 방법으로 많이 사용하며 일시적인 긴장, 불안, 답답함을 해소하는 역할도 한다. 그래서 웃음은 일시적으로 스트레스를 받고 있는 사람이 스트레스를 해소하여 일상으로 회복하고자 하는 경우에 매우 유용하고, 일시적인 긴장감, 불안감, 답답함 등을 해소하고자 하는 경우에도 매우 유용하다.

 또한 웃음은 일시적인 긍정기분이기 때문에 웃을 당시에는 모든 것이 다 이해되고 받아들여지고 즐겁고 좋게 느껴진다. 그러나 웃음을 멈추고 일상으로 돌아오면 웃음의 긍정기분이 단절됨으로써 기억에서도 사라진다. 만일 교육을 할 때 웃음을 유발하여 교육의 분위기를 즐겁게 하는 경우에는 웃으면서 학습할 때는 집중되기 때문에 매우 유용하지만, 교육이 끝난 후에는 교육 내용을 기억하지 못하는 현상이 발생하는 것이다.

즉, 웃음은 일시적인 강한 긍정현상이지 지속적으로 작용하지 않는다. 크게 웃고 그냥 잊는 것과 같은 이치이다. 이처럼 웃음은 일시적 기분이기 때문에 감정으로 전환하지 못한다.

만일 일상에서 지속되는 스트레스, 긴장감, 불안감, 답답함, 허무함, 우울감이 작용하고 있는 경우에는 일시적인 웃음은 오히려 좋지 않다.

웃을 때는 일시적 긍정기분으로 잠시 좋아지는 것 같지만 웃음이 끝나고 다시 일상으로 돌아오면, 지속되는 스트레스, 긴장감, 불안감, 답답함, 허무함, 우울감이 나타나면서 좋았다가 나빠지는 현상으로 인하여 더욱 힘든 현상이 발생한다. 이로 인하여 웃음의 강할수록 심리문제가 더 깊어지는 현상이 발생한다. 즉 웃음이 오히려 심리문제를 더욱 악화시키는 역할을 한다.

이와 같이 웃음은 일시적인 기분전환을 위한 것이지, 지속적인 심리문제와 심리장애를 치료하지 못한다. 오히려 지속적인 심리문제와 심리장애를 더욱 악화시키는 역할을 하게 된다는 점을 주의해야만 한다.

만일 웃음으로 심리장애를 치료하고자 한다면, 매일 지속적으로 웃어야 한다. 즉 의도적인 노력이 계속 반복되어야 웃음의 긍정기분이 일정 기간 지속되면서 긍정감정으로 전환하여 심리장애를 치료할 수 있게 된다. 그러나 이 과정에서 일시적으로라도 스트레스와 상처가 작용하면 그동안의 노력은 소용이 없게 된다. 결국은 웃음으로 심리치료를 한다는 것은 불가능하다.

누군가에게는 좋은 것이 누군가에게는 나쁜 것이 될 수 있다.

믿음과 자기기준

 사람들은 무엇이든 믿음을 갖고 산다. 그래서 믿음에 의하여 자신을 확신한다. 이것이 자기 기준이다. 종교, 자신, 상대 등 누구를 대상으로 하느냐의 차이는 있지만, 믿음을 갖는다는 것은 자기 삶의 기준이다. 그래서 믿음을 갖고 사는 것은 인생에서 중요한 길잡이 역할을 하게 된다. 이때, 믿음도 중요하지만, 무엇에 대한 믿음이냐는 것은 자기 기준으로 작용하면서 인간으로서의 삶을 좌우하게 된다.

 기독교로 볼 때, 하나님의 존재와 말씀을 믿음으로써 은혜를 입고, 이를 자기 기준으로 살아가는 것이 중요하다. 그런데 하나님의 말씀을 전하는 사람을 믿는 것은 그 자체로 벌써 자기 기준이 사람의 기준으로 변질되는 것이다. 이는 하나님을 믿는 것이 아니라 인간을 믿는 것으로 말로는 하나님을 말하지만, 행동은 하나님의 말씀과는 거리가 멀다.

 불교로 볼 때, 부처님의 말씀을 자기 기준으로 삼아 살아가는 것이 중요하다. 그러나 부처님의 말씀을 전하는 사람을 믿는 것도 그 자체가 벌써 자기 기준이 사람의 기준으로 변질되는 것이다. 이는 말로는 부처님의 말씀을 말하지만, 행동은 부처님의 말씀과는 거리가 멀다.

  종교적 믿음에 대하여 한마디로 말하면, 아무리 좋은 말씀을 많이 하더라도 그 말씀을 실천하지 않으면 자신의 욕망을 위하여 경전을 이용하는 것뿐이다. 최악의 죄라 할 수 있다.

  상대를 믿을 때, 상대의 마음을 믿는 것인데, 이때 상대의 마음 중 보는 것만 믿게 되는 것이 인간이기 때문에 보이지 않는 것에 대해서는 어떻게 할 것인가? 사람을 대상으로 하는 믿음에 대하여 한마디로 말하면, 아무리 좋고 훌륭하게 보이더라도 숨어 있는 마음의 진실을 알지 못하면 상처가 발생하고 불행한 삶을 살게 된다.

  과연 나의 기준은 나의 인생인가? 타인의 인생인가? 우리는 인생의 길잡이를 하는 자기 기준을 생각해 보아야 하지 않을까? 이는 타인에게 보이는 것이 아니라, 오로지 자신만의 인생 전체에 대한 행복과 불행이 결정되는 중요한 핵심이다.

생일을 축하하는 이유

 사람들은 생일이 되면 "이 힘든 세상에 왜 태어났니?"가 아니라 "태어난 것을 축하한다"고 말한다. 자기 자신 혼자이든, 사랑하는 사람이든, 다른 많은 사람이든, 우리는 매년 한 번씩 생일을 맞고, 사람들은 생일을 축하한다. 좋은 일에 기쁘고 즐거운 마음을 전하는 것이 축하인데, 왜 생일을 축하할까? 생일을 축하하는 이유를 생각해 보았다.

 남자든, 여자든 인간으로 태어나면 고난, 어려움, 답답함 등의 스트레스와 상처를 받으면서 죽을 때까지 살아가기 때문에 불행을 위하여 태어난 듯 보이고, 종교적으로는 '죄 또는 업보'라고 했다. 그런데 왜 태어난 날을 선물도 하고, 케이크에 불꽃을 피우고, 기쁘고 즐겁게 축하하는가? 힘들게 사는 세상에 이벤트처럼 하루만이라도 즐거움을 주기 위하여 축하하는 것일까? 아니면 또 다른 목적으로 축하하는 것일까?

 생일을 축하하는 이유는 인간으로 태어난 그 자체를 축하하는 것이다. 이는 스트레스와 상처 속에서도 인간이면 누구나 똑같이 행복을 추구하고 있는 무의식을 갖고 있기 때문이다.

　인간이면 누구나 갖고 있고 똑같이 작용하는 무의식은 바로 이 불행(부정적인 감정)을 행복으로 전환하는 장치이고, 이 무의식이 있기 때문에 인간은 누구나 존엄하고, 가치 있고, 행복을 누릴 권리가 있다. 그래서 행복을 누릴 수 있는 인간으로 태어난 것을 축하하는 것이다.

　　- 축하해 줄 사람이 없어서 불행을 느끼는 사람
　　- 많은 사람들이 축하하기 때문에 행복을 느끼는 사람
　　- 생일축하로 기분전환이 되는 사람

　보기에는 다르지만, 모두가 자기 행복을 위한 무의식이 작용하는 것은 똑같다. 지금 어려우면 앞으로 분명 행복하게 잘살게 될 것을 축하하는 것이고, 지금 행복하다면 앞으로도 행복이 지속되길 기원하는 축하이다. 얼마나 기쁘고 즐거운 것인가? 인간으로서의 가치와 존중을 갖고 행복을 추구하면서 살아가는 인간의 삶과 인생을 축하할 수밖에 없는 것이다.

　또한 과거를 돌아보고 자아성찰 또는 죄를 반성하고, 앞으로 행복하게 살아가야 하는 인간의 권리를 갖고 있기 때문에 생일을 축하함으로써 자신의 마음을 새롭게 다시 돌아볼 수 있는 계기를 만들기 위하여 생일의 의미도 매우 큰 것이다. 그래서 인간답게 행복하게 살라는 의미에서 선물도 하고, 달콤한 케이크에 불꽃을 피우고, 기뻐하고 함께 즐거워하는 것이다.

결국 생일은 자기 자신을 돌아보도록 하고, 행복을 지속 또는 추구하기 위하여 인간으로 태어난 것을 기뻐하고 즐거워하면서 축하하는 것이다.

생일 축하는 어떤 다른 목적도 필요하지 않다. 자기 혼자이든, 다른 사람들과 함께하든, 슬프든, 기쁘든 관계없이 인간이면 그 자체로 행복을 누릴 수 있는 권리가 있기 때문에 누구나 생일을 축하해야 한다. 그래서 자신이 행복하게 살았는지를 한 번 돌아보는 날이 바로 생일이다. 인간으로서 행복하게 살기 위한 계기의 그 날이 생일이기 때문이다.

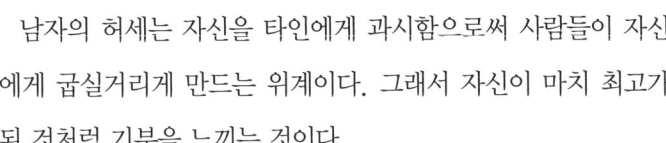

남자의 허세

 남자의 허세는 자신을 타인에게 과시함으로써 사람들이 자신에게 굽실거리게 만드는 위계이다. 그래서 자신이 마치 최고가 된 것처럼 기분을 느끼는 것이다.

 남자는 허세를 많이 부린다. 이는 가진 것 없는 남자가 최고가 되고 싶은 욕망(성취욕)이 있을 때 나타나는 현상이다. 결국 허세를 부리는 남자는 가진 것이 없는 남자이다. 이는 물질뿐만 아니라 마음도 똑같다.

 마음을 전혀 모르는 남자는 어쭙지 않은 지식으로 세상에서 자신이 다 아는 것처럼 떠든다. 마치 자기가 세상을 구원하러 온 것처럼. 자신의 말이 곧 법이고, 진리인 것처럼. 상대를 깎아내리고 반대급부로 자기가 최고인 것처럼. 훌륭한 말을 인용한 자신이 대단한 것처럼.

 우리는 허세에 속지 말아야 한다. 보이는 것은 대단해 보이겠지만, 실체(본질)는 텅 빈 것이고 아무것도 없다.

여자의 허영

여자의 허영은 자기의 상처를 감추기 위하여 타인에게 화려함을 과시함으로써 자신의 부끄러운 상처를 감추려고 하는 위계이다. 그래서 자신은 부끄러운 상처가 전혀 없이 사랑받고 행복한 여자가 된 것처럼 기분을 느끼는 것이다.

여자는 허영을 많이 부린다. 이는 남들이 알게 될까 불안한 자기 마음의 상처가 많은 여자가 사랑받고 행복한 여자가 되고 싶은 욕망이 강할 때 나타나는 현상이다. 즉 상처가 크고 깊을수록 허영은 더욱 크게 나타난다.

결국 허영을 부리는 여자는 마음이 상처투성이고, 사랑도 못 받고, 외롭고 불행한 여자이다. 마음의 상처를 물질(소비, 사치, 쾌락)로 대체하려고만 한다.

물질뿐만 아니라 마음의 허영도 마찬가지이다.
자신은 마음에 상처를 가득 담고 있는 여자가 어쭙지 않은 지식으로 사람들의 마음에 상처를 치료한다면서 말과 행동으로 매우 괜찮고 멋진 여자로 포장한다. 지식의 허영이다.

마치 자기가 세상의 모든 상처를 다 치료할 수 있는 것처럼. 자신은 상처가 없고 깨끗하고 맑은 마음이 있는 것처럼. 다른 사람에게 상처를 입힌 후 그것을 자기가 치료해 줄 것처럼. 몸 하나로 사람들을 현혹하면서 마치 자신이 대단한 여자인 것처럼.

우리는 허영에 속지 말아야 한다.
보이는 것은 멋지고 깨끗해 보이겠지만, 실체(본질)는 추악한 상처투성이다.

허영은 최악의 상처이기 때문에 스스로가 자각하고 치료하지 않으면, 불치병이다.

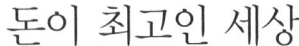

돈이 최고인 세상

물질만능의 태생은 돈이다.
돈이 주는 위력은 대단하다.
돈으로 무엇이든 살 수 있다.
돈에 의하여 사람을 고용하고, 부리고, 군림할 수도 있다.

그래서 돈은 남자의 허세로, 여자의 허영으로 쉽게 병들게 한다.

그러나 인간의 마음과 자신의 행복은 돈으로는 절대 살 수 없다. 자기 행복을 돈으로 살 수 있다고 생각하면, 돈은 마음의 행복과는 반비례하여 작용한다.

돈이 많으면, 마음의 행복은 빈곤해진다.
돈이 많으면서도 마음의 행복이 풍요로울 수 있는 방법을 모르기 때문이다.

이 방법을 알려면 돈이 소요된다. 그래서 돈을 잃는 것을 두

려워하기 때문에 자기 행복은 없다. 그저 물질(돈)이 주는 즐거움과 쾌락을 행복으로 착각하면서, 평생 마음을 잃고 불행하게 살아간다.

돈이 없으면, 마음의 행복은 풍요로워진다.
돈이 없으면서도 마음의 행복을 만드는 방법을 모르기 때문에 힘들게 산다.

이 방법을 아는 데는 돈이 거의 필요하지 않다.
그런데, 돈이 자기 행복을 줄 것이라고 착각하기 때문에 불행하게 살아간다.

돈이 많은 사람들은 돈 때문에 마음이 불행하고, 돈이 없는 사람들은 돈 때문에 마음이 불행하다. 그래서 우리는 끊임없이 돈을 추구한다.

지옥에 가도 좋으니, 돈이 많아서 무엇이든 다 해 보고 죽는 것이 소원인 사람들이 많다. 없는 자는 끊임없이 원하면서, 가진 자를 부러워하고, 시기하고 질투한다.

외유내강(外柔內剛)

외유내강(外柔內剛)은 '겉은 부드럽고 순하나 속은 곧고 꿋꿋함'을 의미한다.

먼저 좋은 의미로 해석하면, 외유내강은 표현되는 말과 행동과 표정은 부드럽고 온순하지만, 의식(경험, 기억, 생각)은 곧고 꿋꿋하다.

겉은 가냘프고 연약하면서도 속은 부러지지 않고 굳건하다. 겉은 예쁘고 사랑스러우면서도 속은 판단력과 결단력이 있다. 겉은 힘들어하면서도 속은 인내하고 이겨내는 힘을 갖고 있다.

좋은 의미로 볼 때는 남자와 여자 모두가 가장 원하고 좋아하는 스타일이라 할 수 있다.

그러나 반대의 의미로 해석하면, 외유내강은 유연하고 우유부단하지만, 의식은 고집스럽고 주관이 강하며 자만심으로 가득

차 있다.

 겉은 양이지만, 속은 늑대이다. 겉은 친절하고 다정다감하지만, 속은 폭력적이고 잔인하다. 겉은 예쁘고 사랑스럽지만, 속은 악취가 풍기는 상처투성이다.

 나쁜 의미로 볼 때는 남자와 여자 모두가 싫어하는 스타일이라 할 수 있다.

 외유내강은 좋은 의미일 때는 더 없이 최고로 작용하는 인간의 마음이지만, 좋지 않을 때는 최악으로 작용하는 인간의 마음이다. 최고와 최악은 동시에 존재하고 있기 때문에 자신의 기준을 잘 살펴야 한다. 기준이 왜곡되면 최악이고, 기준이 바르면 최고이다.

 이 기준은 오롯이 자기 자신이 갖고 있는 것이다. 최악이 될 것인가, 최고가 될 것인가는 오롯이 자신의 기준에 의하여 작용한다. 따라서 최악이라 생각하면, 자책할 것 없다. 조금만 노력하면 어렵지 않게 최고가 될 수 있다. 문제는 자신이 최악이라 인식하지 못한 채, 최악으로 살아가는 것이다.

외강내유(外剛內柔)

외강내유(外剛內柔)는 '겉은 곧고 꿋꿋하지만 속은 부드럽고 순함'을 의미한다.

먼저 좋은 의미로 해석하면, 외강내유는 표현되는 말과 행동은 곧고 굳건하여 강하지만, 의식(경험, 기억, 생각)은 부드럽고 온순하다.

겉은 부러지지 않고 굳건하면서도 속은 연약하고 부드럽다. 겉은 단호하고 결단력이 있으면서도 속은 예쁘고 사랑스럽다. 겉은 투지가 넘치고 추진력이 강하면서도 속은 힘들어하고 참고 인내한다.

좋은 의미로 볼 때는 남자와 여자 모두가 좋아하는 스타일이라 할 수 있다.

그러나 반대의 의미로 해석하면, 외강내유는 고집스럽고 주관이 강하여 강단이 있지만, 의식은 유연하고 우유부단하다.

 겉은 강하지만, 속은 연약하다. 겉은 호랑이지만, 속은 양처럼 순하다. 겉은 폭력적이고 잔인하지만, 속은 다정다감하고 사랑이 넘친다. 겉은 상처로 힘들어하지만, 속은 사랑과 행복을 원한다.

 나쁜 의미로 볼 때는 남자와 여자 모두가 싫어하는 스타일이라 할 수 있다.

 외강내유는 좋은 의미일 때는 좋게 작용하는 인간의 마음이지만, 좋지 않을 때는 힘들게 작용하는 인간의 마음이다. 좋은 것과 나쁜 것이 동시에 존재하고 있기 때문에 자신의 기준을 잘 살펴야 한다. 기준이 왜곡되면 나쁜 것이고, 기준이 바르면 좋은 것이다. 이 기준은 오로지 자신이 갖고 있는 것이다. 좋아지느냐, 나빠지느냐는 것은 오로지 자신의 기준에 의하여 작용한다.

 따라서 나쁜 상황이라 생각하면, 힘들어 할 것 없다. 조금만 노력하면 어렵지 않게 좋아진다. 문제는 자신이 나쁜지 좋은지 생각도 못 한 채 모두가 상대의 탓 또는 자신의 탓이라고 생각하는 것이다.

외강내강(外剛內剛)

외강내강(外剛內剛)은 '겉과 속이 모두 곧고 꿋꿋함'을 의미한다.

먼저 좋은 의미로 해석하면, 외강내강은 표현되는 말과 행동과 표정이 곧고 꿋꿋하여 강하고, 의식(경험, 기억, 생각)도 곧고 꿋꿋하다.

겉과 속이 모두 부러지지 않고 꿋꿋하다. 겉과 속이 모두 단호하고 결단력이 있다. 겉과 속이 모두 투지가 넘치고 추진력이 강하다.

좋은 의미로 볼 때는 매우 강하다. 약한 것이 전혀 없다.

그러나 반대의 의미로 해석하면, 외강내강은 고집스럽고 주관이 강하여 강단이 있고 의식도 똑같다. 즉 보이는 모습 그대로이다.

겉과 속이 모두 강하다. 약한 것이 전혀 없다. 겉과 속이 모두

호랑이다. 겉과 속이 폭력적이고 잔인하다. 겉과 속이 온통 상처투성이다.

나쁜 의미로 볼 때는 최악이다. 일고의 여지도 없는 것 같다.

외강내강은 좋은 의미일 때는 강하게 작용하는 인간의 마음이지만, 좋지 않을 때는 최악으로 작용하는 인간의 마음이다. 강한 것과 최악이 동시에 존재하고 있기 때문에 자신의 기준을 잘 살펴야 한다. 기준이 왜곡되면 최악이 되고, 기준이 바르면 올곧은 대쪽 같은 사람이다.

이 기준은 오롯이 자기 자신이 갖고 있는 것이다. 최악이면 최악이고, 강하면 강하다. 오롯이 자신의 기준에 의하여 작용한다. 따라서 나쁜 상황이 되면 회복이 불가능하다. 최악이 된 채 살게 된다.

외유내유(外柔內柔)

외유내유(外柔內柔)는 '겉과 속이 모두 부드럽고 순함'을 의미한다.

먼저 좋은 의미로 해석하면, 외유내유는 표현되는 말과 행동과 표정은 부드럽고 온순하고, 의식(경험, 기억, 생각)도 마찬가지이다.

겉과 속이 모두 가냘프고 연약하다. 겉과 속이 모두 예쁘고 사랑스럽다. 겉과 속이 모두 힘들고 아파한다. 이겨내는 힘도 없다.

좋은 의미로 볼 때는 순하고 착한 사람이다.

그러나 반대의 의미로 해석하면, 외유내유는 유연하고, 우유부단하고, 의존성이 강하며, 자존감이 없다.

겉과 속이 모두 양이기 때문에 늑대의 표적이 된다. 겉과 속이 모두 친절하고 다정다감하다. 그래서 늘 상처를 입는다. 겉과 속이 모두 예쁘고 사랑스럽다. 많은 사람들에게 상처받고 의지한다.

나쁜 의미로 볼 때는 상처받고 아파하고 힘들어하면서 의존하고 자존감이 전혀 없다.

외유내유는 좋은 의미일 때는 순하고 착하게 작용하는 인간의 마음이지만, 좋지 않을 때는 상처로 고통을 받고 의존으로 작용하는 인간의 마음이다. 착한 것과 상처받는 것이 동시에 존재하고 있기 때문에 자신의 기준을 잘 살펴야 한다. 기준이 왜곡되면 상처투성이가 되고, 기준이 올바르면 착하다.

이 기준은 오롯이 자기 자신이 갖고 있는 것이다. 착하게 사는 것, 상처투성이로 사는 것은 오롯이 자신의 기준에 의하여 작용한다. 상처투성이가 되었을 때, 이를 회복하는 능력이 전혀 없다. 상처로 늘 고통을 겪게 되는 인생을 살게 된다.

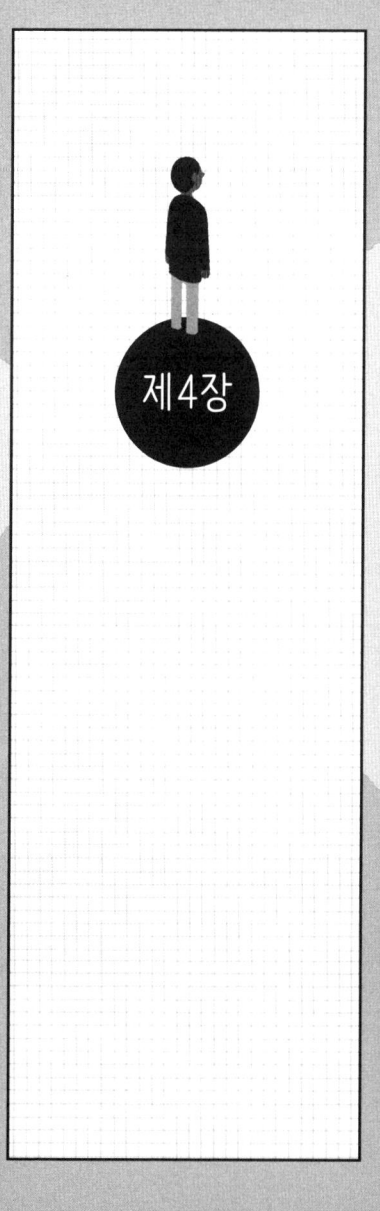

좋을 때와 나쁠 때의 인간관계

좋을 때는 한없이 좋으면서 긍정적이고 내 편이라고 생각하지만, 나쁠 때는 한없이 싫고 부정적이며 적이라 생각한다. 인간관계에서 좋을 때만 있으면 얼마나 좋겠는가? 인간은 실수도 한다, 잘못도 한다, 기분이나 감정이 좋지 않을 때도 있다. 그래서 나쁠 때도 있는 것이 인간관계이다.

그래서 나쁠 때는 좋게 하려는 노력을 함께 하고, 좋을 때는 이를 유지하려 노력하는 것이 인간관계이다. 상대에게 미안해하고 사과하고 반성하는 것, 상대를 칭찬하고 좋아하고 믿어 주는 것 등이 모두 이 때문이다.

그런데 나쁠 때 했던 부정적이고 적을 대하듯이 했던 말과 행동을 계속 반복한다면, 좋을 때로 회복하기 위한 노력보다는 오롯이 상대의 탓으로 공격만 한다면, 이미 상대는 싫은 사람이고, 어떤 것도 다 부정되고, 어떤 상황에서도 적이 되어 있다. 상대가 어떠한 말과 행동을 해도 다 문제가 되고, 자신을 공격

한다고 인식한다. 그러면서 이 모든 것은 다 상대 때문에 그렇게 된 것이라 확신한다. 자신은 잘못한 것이 없기 때문에 상대를 탓하고 공격을 멈추지 않는다. 자신의 말과 행동은 모두 다 옳은 것이라고 확신한다.

인간관계는 알고 보면 자신의 탓도 있는데, 모든 것을 다 상대의 탓으로만 생각한다. 이 대립관계로 인하여 인간관계에 문제가 발생한다. 정작 자신만 모르고 있을 뿐이다.

이러한 인간관계가 반복되고 있다면, 모든 상대방들의 잘못이나 탓보다는 자신의 기준과 확신이 잘못되었을 수 있다는 것을 알아야 할 것이다. 자신을 모르면, 결국은 이러한 인간관계는 계속 반복될 수밖에 없다. 좋을 때만 인간관계를 갖고, 조금이라도 나빠지면 인간관계를 단절한다.

좋을 때만 좋은 인간관계이고, 나빠지면 적이 되는 인간관계. 이는 오래 지속할 수 없고, 아무리 좋은 사람일지라도 곁에 오래 있을 수 없다. 그래서 주변 사람들을 보면 그 사람의 본모습을 볼 수 있다고 했다.

까마귀 검다 하고 백로야 웃지 마라

'까마귀 검다 하고 백로야 웃지 마라
겉이 검은들 속조차 검을쏘냐
겉 희고 속 검은 이는 너뿐인가 하노라'

 인간은 누구나 존중받아야 하는 소중한 존재이다. 재산, 능력, 외모 등의 보이는 것만 비교하여 무의식까지 비교해서는 안 된다. 재산, 능력, 외모 등으로 보이는 의식은 무의식과는 정반대이다.

 자신을 잘 생각해 보라. 그래도 인간이면 백로쯤 한번 되고 싶은 것은 인지상정이다. 그러나 인간은 누구나 마음의 행복을 추구하면서 죽는 날까지 살지 않던가?

 모두가 똑같은 인간이다. 남자든 여자든 무의식은 똑같이 작용하고 있다. 겉 희고 속 검은 백로가 될 것인지, 겉 검고 속 흰 까마귀가 될 것인지는 생각해 볼 문제이다. 물론 백로가 되고자 하는 것은 당연하지만, 절대 두 개 다 이룰 수 없는 것이 인간의 마음이다. 반드시 인간의 마음은 의식과 무의식의 반대가 작용하기 때문이다.

결국 자신의 의식에서 재산, 능력, 외모 등이 좋다고 우쭐하면, 무의식은 그에 상응하는 반대로 작용하면서 심리문제 또는 심리장애가 발생하여 세상을 병들게 한다. 자기 얼굴에 자기가 침 뱉는 것이니 얼마나 창피한 일인가? 우쭐대고 자만하는 것은 차라리 없는 것이 더 세상을 이롭게 한다.

과유불급(過猶不及)이다.

구슬이 서 말이라도 꿰어야 보배

　아무리 보석의 구슬이 많아도 보배가 될 수 없다. 또한, 실이 하찮은 것이지만 보배가 될 수 있다. 그래서 보석의 구슬과 하찮지만 보석에 맞는 실을 만나면 보배를 만들 수 있다. 보석인 구슬이 많다고 자랑하지 말라. 이를 꿸 수 있는 실이 없으면 그냥 보석일 뿐이다.

　그런데. 보석의 구슬을 꿰어서 보배가 되었다 하자. 그럼 이 보배의 가치는 어느 것이 더 중요한가? 보석인가? 아니면 실인가?

　보석이든, 실이든 중요성을 논하는 순간부터 이미 보배는 더 이상의 보배가 될 수 없다. 보배가 단순한 보석인 구슬로 될 것인지, 그냥 하찮은 실이 될 것인지로 전락하는 것이기 때문이다. 결과를 갖고 원인의 경중을 논하는 순간 이미 보배가 될 수 없다.

　인간관계를 보면 이 속담은 매우 중요하다. 아무리 지식과 능력이 많아도 이를 펼치지 못하면 가치가 없다. 정치, 경제, 사회, 문화… 등 인간생활의 전 분야를 걸쳐 똑같다. 따라서 지식과 능력이 많은 사람일지라도 누구를 만나느냐에 따라서 가치가 결정된다.

이제 그 가치를 만들어서 펼친다고 하자. 지식과 능력을 가진 사람이 그 가치를 만든 것인가? 아니면 펼친 사람이 그 가치를 만든 것인가?

지식과 능력을 가진 사람은 펼친 사람을 존중하고, 펼친 사람은 지식과 능력을 가진 사람을 존중하면 그 가치는 지속될 것이다. 이를 위해서는 서로의 이해와 배려가 반드시 필요하다. 그러나 만일 서로가 그 가치에 대하여 반목한다면, 그 결과는 참담할 것이고, 그 가치는 사라진다.

그래서 지식과 능력을 가진 사람은 펼치는 사람을 보호해야 하고, 펼치는 사람은 지식과 능력을 가진 사람을 보호해야 한다. 서로가 서로를 보호하지 않으면, 사람들은 둘 중에 한 사람이 중요하다고 편들면서 가치를 무너트린다. 자기 것이 아니기 때문이다. 이로 인하여 하나가 상처를 입으면 그것을 감싸고 보호해야 한다. 가치기준으로 볼 때는 상대가 곧 자신이기 때문이다. 다른 사람들이 다 욕을 하더라도 보호를 해야 하고, 상대가 잘못했더라도 이를 보호해야 한다. 그만큼 서로를 보호하는 것이 가장 큰 책임이고 의무이다. 그 외는 모두가 사소한 것뿐이다.

이 문제로 인하여 무너지는 인간관계가 어디 한 둘이겠는가? 이렇게 무너지면, 또 다른 사람을 만나서 다시 그 가치를 만들 수 있을 것이라 생각하는가? 그러니 자신과 상대는 서로가 서로에 대한 보호를 위한 책임을 다해야 한다.

자신이 혼자 모든 가치를 이루었다고 생각하는 것.
자신이 아니면 불가능했다고 자만하는 것.
상대를 깎아내리고 버리는 것.
상대의 떡이 더 커 보이는 것.
발생하지 않은 문제에 대해 상대에게 책임을 묻는 것.
자신의 잘못은 없다면서 상대의 잘못을 지적하는 것.
자기 생각에만 빠져서 상대를 전혀 생각하지 않는 것.

이는 그동안 이룬 가치를 모조리 파괴하는 것이다. 결국 가치 있게 살 수 있었던 자신의 인생을 파괴하는 것이다.

지금 자신을 객관적으로 돌아보라. 심각한 문제가 발생했더라도 아직 상대가 있다면 가치는 무너지지 않았다. 이유 여하를 막론하고 상대를 보호하고 책임을 다하면 그 가치는 지속된다. 다른 사람을 책임지는 것을 우선으로 생각한다면, 이는 이미 끝난 관계이다. 가치는 오롯이 서로를 보호하고 책임질 때만 형성된다.

다른 사람들이 자신을 보호하고 책임져 줄 것이라 생각하지 말라. 가치가 무너지면 자신도 무너지고, 다른 사람들은 등 돌려서 다른 가치를 찾는다.

간언과 조언 그리고 아첨

간언과 조언은 쓰지만 약이 되고, 아첨은 달콤하지만 독약이다.

인간의 마음은 완벽할 수 없다. 그래서 항상 자신의 마음을 조절하도록 무의식이 작용한다. 또한 인간으로서 살아갈 수 있도록 자신만의 기준을 만들고 이 기준에 의하여 판단과 결정을 하면서 인생을 살아간다.

특정한 것에 대하여 자신이 판단과 결정을 해야 할 때는 생각보다는 마음이 움직이는 대로 하라는 말이 있다. 이때 판단과 결정을 해야 할 때 다른 사람들의 의견을 듣고 싶어 한다. 또한 자신이 다른 사람의 의견을 듣고 싶어 하지 않고 오로지 혼자만의 생각에 의하여 판단과 결정을 하는 경우도 있다. 말을 하지 않으면 다른 사람들은 알 수 없는 것이 인간의 마음이다.

간언과 조언은 대체적으로 자신의 기준에 벗어난 경우가 많다. 그러면 자신의 기준과 다른 간언과 조언은 스트레스를 유발하고, 무의식은 이를 해결하기 위하여 작용하면서 듣기 싫은 현상이 발생한다. 특이할 점은 간언과 조언은 감정이 아니라 의견인데, 자신에게는 부정감정으로 작용되면서 상대가 자신에게 스트레스(상처)를 주었다고 인식하게 되는 것이다. 현명한 사람은 감정이 아니라 객관적인 의견의 관점으로 간언과 조건을 검토하고 판단과 결정에 반영하여 생각한다.

그러나 간언과 조언이 모두 맞는 것은 아니다. 틀린 경우도 많다. 간언과 조언은 그 사람의 기준에 따른 의견이기 때문에 무조건 간언과 조언에 따르는 것은 옳지 않다. 그래서 의견의 관점에서 객관적으로 생각하는 것이 필요한 것이다. 만일 이때 감정이 개입되면 심각한 문제가 발생하게 된다.

또한 간언과 조언이 일상생활에 지속되면 이는 간언과 조언이 아니라 간섭이고, 억압이며, 자만이고, 자신의 이익만을 추구하는 것이 된다.

간언과 조언은 대체적으로 가치와 이상을 함께 만들어 가는 사람으로 가치와 이상을 함께하는 사람에 대한 적극적인 관심의 표현이라 할 수 있다. 그래서 진정한 자신의 편이고, 자신을 보호하고자 하는 것이며, 책임을 지려는 태도이다. 다만, 과도한 것은 심각한 문제를 야기한다.

아첨은 대체적으로 자신의 기준에 맞다. 그래서 듣기에도 좋고, 좋은 기분이 발생하며, 상대에 대한 감정도 좋아진다. 그러나 무의식은 이를 제거하기 위하여 작용한다. 특이할 점은 아첨은 의견이 아니라 감정인데, 자신은 이를 의견으로 받아들인다는 것이다. 그래서 판단과 결정에 매우 치명적인 오류가 발생한다.

아첨은 맞고 틀리고는 중요하지 않다. 기분과 감정에 맞춰진 것으로 의견이 아니기 때문이다. 결국 판단과 결정에는 전혀 도움이 되지 않으면서 감정과 함께 제시된 의견에 현혹되어 왜곡된 판단과 결정을 하도록 감정을 부추기는 것이다. 즉 판단과 결정은 모두 아첨하는 사람의 뜻대로 진행되고, 그 책임은 고스란히 자신에게 있는 것이다.

아첨은 가치와 이상을 추구하는 사람을 통하여 일신의 안녕을 추구하는 사람으로 자신의 안녕을 위한 표현이라 할 수 있다. 그래서 보호와 책임은 전혀 없다.

간언과 조언을 하는 사람, 아첨을 하는 사람 등이 아니면 모두가 잘 따르는 사람들이다. 그저 판단과 결정에 잘 따르고, 책임을 질 이유도 없고, 자신이 하는 것만 열심히 한다. 또한 가치와 이상에 문제가 발생하면 다른 가치와 이상을 찾아서 떠나면 된다. 그래서 잘되면 함께 하고, 잘 안되면 떠나면 되는 사람이다.

 여러분은 간언과 조언을 하는 사람, 간섭과 억압을 하는 사람, 아첨을 하는 사람, 그냥 잘 따르는 사람 중에 어떤 사람이 주변에 많은가?

우리는 인생을 잘 살아왔다

인간은 남녀노소를 가리지 않고 자신의 행복을 추구면서 살고 있고, 이것이 인생이며, 인생은 자신의 행복가치를 추구하면서 살아온 과거의 기억이다. 지금 현재도 우리 모두는 자기 행복을 추구하면서 인생을 살고 있다. 이는 옳고 그른, 맞고 틀리는 것이 중요하지 않고 매 순간 오롯이 자신의 행복을 위한 선택과 결정 그리고 결과의 기억이다.

자신의 인생 중 매 순간은 자기 자신에게는 틀린 것이 없다. 이는 죽을 때까지 행복추구를 위한 인생이 지속되는 이유이고, 결국은 죽음으로 행복추구를 마감한다. 그래서 인생은 정답이 있을 수 없는 것이다.

아픈 것은 행복해지고 싶기 때문이고, 슬픈 것도 행복해지고 싶기 때문이며, 화나는 것도 행복해지고 싶기 때문이고, 신경질 나는 것도 행복해지고 싶기 때문이다. 기쁜 것은 행복이라 느끼는 것이고, 즐거운 것도 행복이라 느끼는 것이다.

이렇게 희로애락을 느끼면서 사는 것은 인간으로서 자신의 행복을 추구하는 인생을 사는 것이고, 그래서 우리는 희로애락을 느끼면서 자신의 행복을 추구하면서 인생을 잘 살아왔다.

우리는 지금까지 행복을 추구하면서 인생을 잘 살아왔다. 그래서 앞으로도 자신의 행복을 추구하면서 인생을 잘 살아갈 것이라 본다. 희로애락은 인간으로서 자기 행복의 가치를 추구하며 살아가는 인생의 감정이다.

그런데 아픈 것을 잊고, 슬픈 것도 잊으며, 화나는 것을 이성으로 통제할 수 없고, 신경질 나는 것을 이성으로 통제할 수 없는 사람들이 있다.

이들은 모두가 재미와 즐거움만 추구하면서 살아가는 인생이다. 이는 자기 행복을 추구하는 것이 아니라 쾌락만을 좇아가는 인생이다. 결국은 인간으로서 자기 행복을 추구하는 것이 아니라, 쾌락의 대상을 위한 인생을 살아가는 것이다. 자신은 행복을 추구한다고 착각하고, 정작 자신의 인생은 없다.

내 인생의 행복을 함께하는 한 사람

 인간은 사람과 사람의 관계에서 살아갈 때 존엄과 가치를 갖는다. 그래서 인간은 사람으로서의 인생을 살아가야 하는 존엄과 가치를 갖는다.

 각 개인의 인생은 인간으로서 자신의 행복을 추구하면서 살아온 과거의 기억이다. 또한, 인간으로서 자신의 행복을 추구할 때는 혼자서는 불가능하다. 인간관계 속에서 자신의 행복을 추구하는 인생을 살기 때문이다.

 여러분은 자신의 인생에서 행복가치를 함께하는 사람은 누구인가? 많은 인간관계를 갖더라도 자기 행복가치에 가장 필요하고 핵심적인 단 한 사람은 누구인가?

 인간은 아무리 훌륭하고 뛰어난 능력과 지식, 부와 명예를 갖고 있더라도 건강을 잃으면 모든 것을 다 잃는 것이다. 아무리 많은 인간관계를 갖고 있더라도 자기 행복의 핵심가치를 잃으면 자신의 모든 행복을 다 잃는다.

그래서 행복가치의 핵심인 한 사람은 반드시 보호해야 하는 책임과 의무를 가져야 한다. 이 핵심인 사람을 잃는 것은 자신의 행복가치를 모두 잃기 때문이다. 기쁘고 행복할 때는 당연하지만, 좋든 나쁘든 힘들든 아프든 반드시 자신의 행복가치를 위해 그 핵심적인 사람을 보호해야만 한다.

자기 행복가치가 바뀌면 자기 행복가치에 필요한 핵심적인 한 사람도 바뀐다. 또한 자신의 행복가치에 필요한 핵심적인 한 사람이 바뀌면, 이는 자기 행복가치도 이미 변했다는 것이다.

우리는 자기 행복가치를 너무도 쉽게 바꾸는 것은 아닌지 한 번쯤은 생각해 볼 필요가 있다고 생각한다. 자기 인생은 소중한 과거의 경험이고, 기억이기 때문이다.

인간의 행복가치의 흥망성쇠는 인간관계에서 비롯되는 것으로, 지식과 능력 또는 부와 명예는 인간의 행복가치가 될 수 없다. 그저 행복가치를 더욱 빛나게 해 줄 수 있는 양념일 뿐이다. 인간이 아닌 다른 어떠한 것으로도 자신의 행복가치를 대신할 수도 없다.

여자는 남자를 위하여 헌신하지 말라

여자들은 흔히 남자에게 잘 보이려 하고, 매력적으로 보이려고 하고, 무엇이든 맞춰주려고 한다. 물론 사랑하는 사람, 좋아하는 사이일 경우에 그렇다.

사랑하는 마음, 좋아하는 마음은 모두 감정에너지가 작용하면서 발생하는 의식의 느낌으로 자각하는 기분에너지이다. 그래서 마치 남자가 그 기분에너지를 끊임없이 필요하기 때문에 남자를 위하여 기분에너지를 계속 주고자 하는 것이다. 그렇게 되기 때문에 여자는 남자를 위하여 많은 노력을 하게 된다.

그러나 남자는 기분에너지를 주려고 노력하는 여자가 주는 기분에너지를 오히려 부정기분으로 받아들인다. 남자는 여자의 감정에너지를 자신도 모르게 느끼고 기분에너지를 스스로 만드는 능력을 갖고 있다. 그래서 끊임없이 자신 스스로가 기분에너지를 생성할 수 있는 대상을 찾는 것임을 알아야 한다. 따라서 자신 스스로가 만드는 기분에너지가 아니라 상대 또는 대상에 의하여 생성된 기분에너지는 오히려 부정기분으로 인식하여 스트레스가 발생한다.

따라서 여자는 남자에게 맞춰주고, 잘 보이려고 노력하고, 섹스를 잘 해 주려고 하고, 매력적으로 보이려고 하고, 남자의 기분에 맞춰주려고 하는 등의 노력은 오히려 남자에게 스트레스를 유발하는 원인으로 작용하기 때문에 남자를 이하여 노력하면 안 된다.

여자는 자기 자신의 마음에너지 중에 강력한 감정에너지만 생성하기만 하면 된다. 그러면 남자는 저절로 여자의 강력한 감정에너지를 통하여 자신에게 기분에너지가 생성된다. 그러면 남자는 여자의 감정에너지를 느끼기 위하여 여자의 감정에너지가 지속적으로 작용할 수 있도록 많은 노력을 하게 된다. 즉 남자가 여자를 위하여 노력하는 것이다. 이것이 남자의 열정이면서, 여자에게는 관심을 받는 사랑으로 인식되는 것이다.

따라서 여자는 상대방을 위한 노력이 아니라 자신의 강력한 감정에너지만 생성하면 된다. 그러면 상대는 무조건 자신도 모르게 여자를 위하여 노력하게 된다. 이것이 마음에너지의 원리이다.

여성에게 다른 어떠한 노력보다, 운동하고 다이어트하고, 예쁘고 날씬하고, 예쁜 옷을 입는 것보다 훨씬 더 중요한 것이 바로 여자 자신이 갖는 강력한 마음에너지인 감정에너지이다. 그러면 남자에게 지속적인 기분에너지를 생성하기 때문에 남자는 강력한 감정에너지는 가진 여자에게 빠져들게 된다.

우리는 흔히 아내의 내조라는 말을 많이 한다. 사전을 찾아보면, 내조(內助)는 '아내가 남편의 일이 잘되도록 돕는 것'이라고 했다. 그렇다면 여자인 아내가 남자인 남편의 일을 잘 돕는 내조에 대하여 마음에너지의 작용으로 생각해 볼 필요가 있다.

남자의 기분에너지와 여자의 감정에너지가 상호작용하는 것을 볼 때 어떤 내조가 가장 좋을지 바로 답이 나올 것이다. 여자인 아내가 남자인 남편에게 내조하기 전에 남자의 기분에너지와 여자의 감정에너지를 생각해야 한다.

남자인 남편은 여자인 아내가 내조를 하지 않으면 내조를 강하게 원한다. 그러나 여자인 아내가 남자인 남편에게 적극적으로 내조해 주면 남자인 남편은 얼마 지나지 않아 자신을 간섭한다고 스트레스를 받으면서 싫어한다. 즉 남편은 아내의 내조를 원하면서도 거부한다. 따라서 여자의 감정에너지와 남자의 기분에너지가 작용하는 것을 정확히 알고 난 후에 내조의 방법을 연구해야 한다.

마음의 에너지가 어떻게 삭용하는지 알지 못하는 상태에서 내조는 해도 문제가 되고, 안 해도 문제가 된다. 즉 여자인 아내가 남자인 남편에게 해 주고, 안 해 주는 등 맞춰주려는 것으로 인하여 문제가 되는 것이다. 결국은 마음의 에너지가 작용하는 것을 모르면 갈등의 원인이 된다.

여러분은 어떤가?
여러분의 부모님은 어떤가?
여러분의 주변 사람들은 어떠한가?

현명한 여자라면 남편에게 신경을 쓰지 않고 오롯이 자신의 감정에너지를 생성하는 데 초점을 가질 것이다. 그러면 남자인 남편은 아내에게 생성된 감정에너지는 자신도 모르게 느끼면서 남자 자신에게서 기분에너지가 지속적으로 발생하게 되어 여자인 아내를 위하여 무엇이든 다 하고 싶은 열정이 생기게 된다. 즉 남편이라는 남자가 아내라는 여자에게 빠져들어 몰입하게 되면서 남자는 여자인 아내의 내조 없이도 세상에서 가장 사랑스러운 여자가 된다. 이는 여자에게 강력한 감정에너지가 존재하는 이상 남편(남자)은 아내(여자)가 좋아서 몰입하고 빠져든다.

여성은 남자를 위하여 노력하는 것보다는 자신의 감정에너지를 생성하는 것만 하면 된다. 따라서 마음의 작용원리와 무의식의 원리는 여성에게 반드시 필요하고, 행복한 삶과 인생을 위해서도 꼭 필요하며, 최고의 여성이 되는 것임을 알아야 한다.

본질을 정확히 알고 용서하자

 우리는 일상에서 용서라는 말을 많이 사용한다. 특히 피해를 입거나 마음에 상처를 갖게 될 때, 가해자 또는 상처를 준 상대에 대하여 용서를 언급하게 된다.

 용서(容恕)의 말뜻을 찾아보니 '지은 죄나 잘못에 대하여 꾸짖거나 벌을 주지 않고 너그럽게 보아 주는 것'이라고 한다. 과연 이 말이 맞을까?

 죄는 미워하되 인간은 미워하지 말라는 말이 있다. 죄는 의식의 자각과 기억된 습관의 문제로 인하여 저지르는 잘못으로서 의식의 생각 또는 습관의 표현이 왜곡되어 나타나는 현상이다. 따라서 죄에 대한 벌을 받는 것은 받는 것은 당연하다.

 마음의 에너지가 작용하는 것을 볼 때, 의식의 생각으로 죄를 저지르는 것은 계획적이면서 의도적인 것으로 기분에너지가 작용하고, 표현에 의한 말과 행동으로 죄를 저지르는 것은 우발적이면서 무의식적인 감정에너지가 작용하는 것이다.

먼저 용서를 하고자 한다면, 우선은 상대의 죄에 대한 본질을 정확히 알아야 한다. 이것이 죄에 대한 이해이다. 이 본질을 이해하기 위해서는 죄를 저지른 사람의 마음에너지가 어떻게 작용하였는지 정확히 알아야만 가능하다. 상대의 의식의 자각에 의하여 기분에너지가 작용한 의도적인지 습관적인지, 무의식에 의하여 감정에너지가 작용한 것인지 정확히 알아야 한다. 이와 함께 무의식이 왜 그러한 현상(죄)으로 나타나도록 했는지 알면 본질을 정확히 이해할 수 있다.

이처럼 상대의 죄에 대한 본질을 이해하면 상대가 스스로 죄에 대한 대가를 치를 수 있도록 기회를 줄 수 있다. 이것이 용서이다. 용서는 죄를 없애는 주는 것이 아니다. 상대의 죄가 마음에너지의 무엇 때문에 발생하였는지를 이해하고, 상대 스스로가 자신의 죄에 대한 대가를 치를 수 있도록 기회를 주는 것이다.

현재와 같이 죄를 없애주는 용서는 상대를 방치하는 것이고, 상대에게 더 큰 죄를 저지르도록 하는 것이다.

따라서 상대를 용서하기 위한 노력(이해하려는 노력)보다는 죄의 본질을 정확히 볼 수 있는 이해를 해야 하고, 이는 인간의 마음에너지와 마음에너지의 작용을 정확히 알아야만 가능하다.

사람들은 '상대는 분명 ~했을 것이다'라고 생각하고 단정하여 확정하는 것은 심각한 자기 생각의 왜곡이고, 이 왜곡된 생각으로 이해했다고 하면서 상대를 용서하려 노력하거나 실제 용서한다.

그렇다면 우리가 하는 용서는 과연 올바른 용서일까?

남자는 기분에너지가 작용하고, 여자는 감정에너지가 작용하면서 남자와 여자의 마음에너지가 전혀 다르고, 다르게 작용하는 것을 알고 있을까? 이를 정확히 알지 못하는 상태에서 용서를 한다는 것은 결국 상대가 죄의 대가를 치르지 않고 또 다른 죄를 저지르라고 하는 것밖에는 안 된다는 것을 과연 알고 있을까?

부러운 여성과 똑같이 살지 말라

예쁘고 날씬해서 많은 남성들에게 사랑받는 여성처럼 살고 싶은 경우. 남성을 잘 만나서 부귀영화를 누리면서 사는 여성처럼 살고 싶은 경우. 편안하고 여유롭게 살고 있는 여성처럼 살고 싶은 경우. 사회적으로 유명하고 성공한 여성처럼 살고 싶은 경우. 매사 당당하고 멋진 여성처럼 살고 싶은 경우. 돈 걱정 없이 행복해 보이는 여성처럼 살고 싶은 경우

많은 여성들이 다양한 원인으로 다른 여성처럼 살고 싶어 한다. 그러나 부러워하는 다른 여성처럼 살지 말라. 부러워하는 여성처럼 살고 싶어 하는 생각을 갖는 것은 자신에게는 부정적 감정에너지가 작용하게 되면서 상처가 되고, 생각을 이루기 위하여 부러워하는 여성이 하는 대로 실천하고 있다면 자신의 감정에너지가 모두 소멸되어 오로지 기분에너지에 의존하게 되는 최악의 결과를 초래할 수 있다.

다른 여성들이 부러워 보이고, 그 여성처럼 살고 싶은가?

첫 번째, 그렇다면 그 여성들의 과거 경험과 기억을 알고 있는지, 그리고 우선적으로 그 여성들의 과거 경험과 기억을 동일하게 만들려는 노력을 해야 한다.

두 번째, 그 여성의 마음에너지가 작용할 때, 감정에너지가 작용하는지 아니면 감정에너지가 모두 소멸되고 기분에너지에 의존되어 있는지 알고 있는가? 알게 된 후에는 그 여성처럼 감정에너지의 작용을 조절해야 한다.

세 번째, 그 여성이 만나는 사람들을 모두 똑같이 만나서 똑같이 말과 행동을 하면서 경험도 동일하게 해야 한다. 섹스까지도 말이다.

이 세 가지를 기초로 하지 않으면 절대 그 여성처럼 되지 않는다.

오히려 그 여성처럼 되려고 했다가 패가망신 또는 부정적 감정에너지(상처)가 매우 커지거나 감정에너지가 소멸되어 심각한 마음에 문제가 발생하여 불행한 인생을 살게 된다. 결국은 상대 여성처럼 살고 싶어도 상대 여성처럼 될 수 없다.

오로지 자신에게 맞는 자신의 과거 경험과 기억을 갖고, 자신의 감정에너지를 갖는 것이 중요하다. 그러면 행복한 인생을 살고 있는 자신을 발견하게 되고, 다른 여성들이 부러워하는 여성이 되어 있는 것을 발견하게 된다. 즉 자신에게 맞는 여성으로 살아가는 것이 가장 좋은 방법이다.

부부가 된다는 의미

　부부관계인 남편과 아내는 혈연관계가 아니지만, 가족관계에 포함되는 유일한 인간관계이다. 그래서 가족관계에서는 촌수가 존재하지만, 남편과 아내는 무촌인 것이다. 즉 남남이 만나서 가족관계를 구성하는 핵심이고, 가족의 최소단위이다.

　마음이론과 성마음이론을 개발하면서 남자와 여자, 남성과 여성, 열정과 사랑, 남편과 아내, 아버지와 어머니 등의 모든 인간관계를 해석하고 체계화함으로써 인간관계에서 발생하는 다양한 갈등과 심리문제, 심리장애를 치료할 수 있게 되었는데, 이때 부부관계의 개념을 정확히 할 필요성이 있다.

　부부관계는 결국 남자인 남편과 여자인 아내가 가족관계로 전환된 인간관계라는 것에 주목해야 한다. 이에 따라서 부부의 의미를 재해석하고, 개념을 새롭게 정리해 보았다. 또한 연애 또는 만남의 과정에서 남녀관계인 애정관계와 결혼 후 부부관계에 대한 차이를 새롭게 정리했다.

남자와 여자가 만나서 남자의 열정과 여자의 사랑이 결합한 후 결혼을 통하여 법적, 사회적, 윤리적, 도덕적, 종교적 등에서 모든 권리와 의무를 갖는 식구(食口)가 되고, 가정을 이루게 되면서 남자의 열정이 무의식의 사랑인 무한책임으로 변화하고, 여자의 사랑이 무의식의 사랑인 모성애로 변화함으로써 가족이 형성된다.

　애정관계는 남자와 여자가 만나서 남자는 여자에 대한 열정을 갖고, 여자는 남자에 대한 호감을 갖게 될 때 연애관계가 성립된다. 그러면서 남자는 에로스 사랑을 추구하면서 열정을 강화하는 반면 여자는 플라토닉 사랑을 추구하면서 호감을 사랑의 감정으로 확대한다.

　남자의 열정과 여자의 사랑이 결합하게 될 때 성(性, Sex)가 형성되면서 남자는 여자와 함께하는 미래행복을 추구하고, 여자는 남자와 함께하는 현재행복을 느낀다. 이때가 애정관계라고 하는데, 남자의 열정과 여자의 사랑이 결합하는 관계라고 할 수 있다. 즉 애정관계에서는 남자는 에로스 사랑, 여자는 플라토닉 사랑을 기초로 하는 에로스 사랑이 동시에 결합하는 것임을 알 수 있다. 애정관계가 지속되면서 남자가 에로스 사랑이 플라토닉 사랑으로 전환하게 될 때, 비로소 결혼하게 된다.

따라서 남자는 여자와 미래에도 동일한 사랑을 지속할 수 있다는 미래행복을 추구하기 위하여 결혼하고, 여자는 남자와 현재의 사랑과 행복을 지속하고 싶은 마음으로 결혼한다.

이렇게 남자와 여자가 결혼을 하면 남자는 남편, 여자는 아내가 된다. 즉 부부관계가 형성되는 것이다. 양가 부모님을 비롯하여 다른 모든 사람들에게 두 사람이 남자와 여자의 애정관계인 개인관계에서 가족관계의 중심인 부부관계로 변한다는 것을 알리는 것이 결혼이다. 즉 일가를 이루는 것이다.

부부관계가 된 후 신혼일 때는 남녀관계인 애정관계가 지속되면서 남자의 열정과 여자의 사랑이 이어지지만, 아내인 여자가 임신하고 출산하여 자녀가 생기게 되면, 남자의 열정은 무한책임으로 변하기 시작하고 여자의 사랑은 모성애로 변하기 시작한다. 이렇게 남편은 여자에 대한 열정에서 아내와 자식에 대한 무한책임으로 전환되는 과정, 아내는 남자에 대한 사랑에서 남편과 자식에 대한 모성애로 전환되는 과정을 갖게 된다. 이 과정에서 자신들의 마음속 이야기가 줄어들고 성(性, Sex)이 줄어들게 된다. 즉 부부관계에서 가족관계로 전환되면서 부부관계에 문제가 발생하고 있지만 이를 전혀 인식하지 못한다.

이렇게 부부관계에서 가족관계로 전환되면, 남자는 무한책임을 갖게 되고 여자는 모성애를 갖게 된다. 그래서 남편과 아내는 권태기, 섹스리스(Sexless)가 발생한다. 남편은 가족을 위하여 아내는 자식과 남편을 위한 삶을 살게 되는 것이다. 이것을 마치 행복한 부부로 인식하는 것이다.

결국 애정관계가 부부관계로 변화하고, 다시 부부관계가 가족관계로 변화하는 것으로서 진정한 부부행복은 아니다. 가족행복이라고 할 수 있다. 그렇다면 부부행복은 무엇일까? 행복한 부부이면서 가족행복도 동시에 추구하고자 한다면 애정관계, 부부관계, 가족관계 모두가 동시에 존재해야만 하고, 이를 함께 공유해야 한다. 그러면 남자의 열정과 여자의 사랑, 남편의 무한책임과 아내의 모성애가 동시에 결합하고 존재하게 됨으로써 행복한 부부, 행복한 가족이 되는 것이다.

애정관계의 핵심은 남자의 열정과 여자의 사랑이 결합하는 성(性, Sex)이고, 부부관계의 핵심은 대화(자신의 속마음을 이야기)이며, 가족관계의 핵심은 무한책임과 모성애의 결합이다.

부부관계는 결국 애정관계와 가족관계의 중간적 역할을 하면서 모든 것을 통합하고 결합하는 관계이다. 이것이 진정한 부부관계라고 할 수 있다. 이때 성(性, Sex)의 모든 것은 아내인 여자가 Key를 쥐고 있다는 사실을 알아야 한다. 여자가 성(性, Sex)을 알지 못하면 부부관계에서의 애정관계는 없는 것과 같다. 성이 중요한 것도 바로 이러한 이유 때문이다.

즐기면서 사는 것이 행복인가?

"인생 뭐 있어. 즐기면서 사는 것이 행복한 인생이지.", "인생 별 것 없다. 살아 있을 때 마음껏 즐기면서 누리고 사는 것이 행복한 것이다.", "슬프고 아프고 고통스럽게 하는 것보다 즐겁고 재미있게 사는 것이 좋은 것이 아니겠는가?", "한번 왔다가 가는 인생이고, 즐기면서 살기에도 짧다.", "나중에는 후회하더라도 나는 즐기면서 살고 싶다."

많은 사람들이 이렇게 말하고 실제로 그렇게 살고 있고, 그렇게 살려고 많이 노력한다. 이는 틀린 것이 아니다. 잘못된 것도 아니다. 인간이라면 당연한 것이다.

그러나 이 사람들은 모두가 심리장애라고 할 수 있다. 특히 즐기면서 사는 것이 얼마나 오랫동안 지속되었느냐에 따라서 중증 심리장애라 할 수 있다. 즉 자신이 심리장애인 것을 모른 채 살면서 다른 사람들을 모두 고통스럽게 하고 있다는 뜻이 된다.

이러한 경우에는 심리장애를 치료할 것인지, 아니면 심리장애를 조절하는 능력을 갖게 할 것인지를 판단해야 한다. 자신과 다른 사람들 모두가 행복하게 살아갈 수 있도록 할 필요성이 있다는 뜻이다.

인간이 마음에서 느끼는 감정은 엄격하게 기분과 감정으로 구분할 수 있다. 기분은 일시적인 감정으로 직접 느낄 때는 기분을 느끼지만, 느껴지지 않으면 기분을 느끼지 못한다. 기분은 지금 발생하는 일시적인 감정이다. 중단되거나 사라지면 기분도 없어진다. 또한 감정은 기분이 중단되거나 사라져도 기분의 느낌이 지속된다.

즐겁고 재미있는 것은 일시적인 감정인 기분이다. 그래서 즐겁고 재미있는 것이 연속적으로 지속되면 마치 기분이 지속되는 것처럼 생각하면서 '행복'이라고 생각한다. 이 행복이라고 생각하는 것은 자신의 감정을 착각하는 것으로 행복이 아닌 것을 행복이라고 생각하는 현상이다.

이렇게 즐겁고 재미있는 것을 지속하기 위해서는 다섯 개의 감각기관에 즐겁고 재미있는 것만 받아들여야만 한다. 매우 작은 스트레스라도 유입되면 불행으로 인식하게 되면서 견디기 힘든 고통을 느끼게 된다. 그러면 스트레스를 없애기 위하여 더 큰 즐거움과 재미있는 것을 받아들이려고 노력하거나, 다른 사람들에게 스트레스를 전가하게 된다. 이와 같이 작은 스트레스도 매우 민감하게 되어 극도로 거부하는 현상이 발생한다.

인생을 살면 즐겁고 재미있는 것만 있을 수 없다. 그래서 수시로 스트레스가 발생하면서 문제가 생기게 되고, 이를 거부하고 해소하려는 노력을 하면서 쾌락만을 추구하게 된다. 또한, 평상시에는 의식이 작용하면 무조건 스트레스가 발생하기 때문에 의도적으로 즐겁고 재미있는 것만 추구하면서 살아갈 수밖에 없게 된다. 즉 즐거운 기분(일시적인 감정)을 느끼기 위하여 치러야 하는 대가가 너무 크다.

인간은 행복을 추구한다. 그래서 남자는 열정의 기분으로 행복을 추구하고, 여자는 사랑의 감정으로 행복을 추구한다. 이때, 남자의 열정은 스트레스를 즐기는 힘에서 발생하고, 여자의 사랑은 스트레스(상처)를 긍정으로 전환할 때 발생한다.

그런데 이 스트레스를 거부하고 없애게 되면, 즐거움과 재미의 기분은 느낄 수 있겠지만 남자는 열정이 사라지고 쾌락만 추구하게 되고, 여자는 사랑이 사라지고 쾌락만 추구하게 된다.

즉 자신도 모르는 사이에 인간의 행복이 아니라, 동물과 같이 감각기관의 기분만 추구하게 되는 것이다.

　즉 인간의 행복이 아니라 동물적인 삼삭에 의존한 채 살아가는 것이니 심리장애라 할 수 있는 것이다.

수면과 심리

잠(수면)은 인간의 생존에 반드시 필요하다.
잠에 대한 연구는 의학적 생리학적으로 많이 되고 있지만, 심리연구는 미진하다.

인간의 마음은 외부정보 또는 기억정보에 대하여 무의식이 작용함으로써 의식(기억과 생각)으로 자각하도록 한다.

이때 무의식이 작용할 때 마음에너지(정신에너지)가 발생하면서 의식으로 자각하도록 하고, 신체로도 느낄 수 있도록 한다. 그래서 끊임없이 무의식이 작용하고, 의식과 신체가 자각하는 것이다.

또한 의식이 자각할 때는 마음에너지가 소모되기 때문에 스트레스가 발생하고, 신체가 자각할 때는 마음에너지가 소모되기 때문에 피로가 발생한다.

잠은 일정 시간 동안 의식의 자각을 멈추고 휴식을 취하도록 한다. 그러면서 무의식은 지속적으로 작용하면서 마음에너지를 신체자각으로만 할 수 있도록 한다.

결국 잠은 깨어 있고 자각하고 있던 시간 동안 발생한 의식의 스트레스를 해소하면서 신체의 피로를 제거하는 중요한 역할을 한다.

작심삼일

작심삼일(作心三日)은 '무엇인가를 하고자 결심한 것이 삼일을 못 간다'는 뜻이다. 이 작심삼일은 우리의 일상에서 너무도 흔히 발생한다. 결심하고 의지를 갖고 실천을 지속하는 것이 그만큼 어렵다. 우리는 이 작심삼일을 마치 자신의 의지가 약해서, 절박하지 않아서 등과 같이 실천을 하지 못한 사람의 잘못으로 인식하지만 인간에게는 당연히 나타나는 현상이다.

인간이 자신의 의식(기억과 생각)대로 모든 것을 원하는 대로 다 이룰 수 있다면 좋겠지만, 자신의 뜻대로 되지 않는 것이 인간의 의식(기억과 생각의 자각)이다. 무의식의 작용은 자신도 모르게 지속되지만, 의식은 자각하면서 스트레스를 유발하고, 이 스트레스를 제거(치료)하려는 무의식의 작용으로 인하여 결국은 의식의 자각을 지속할 수 없도록 만든다. 남자는 3일 이내에 스트레스를 제거하고, 여자는 3일 이내에 스트레스를 치료하는 무의식의 작용으로 인하여 인간에게 작심삼일은 어쩔 수 없이 나타나는 무의식의 작용이다.

무엇인가 결심하면 의지가 생기고, 이를 실천할 때는 노력이 필요하다. 노력은 새로운 습관을 만드는 것인데 이 습관이 형성되려면 무의식의 작용이 반드시 필요하다. 따라서 노력을 시작하면 스트레스로 인하여 어려움, 답답함, 신경질, 화 등과 같은 부정감정이 생기면서 노력을 무력화하고, 습관이 형성되지 않기 때문에 노력하는 것 자체를 부정하도록 만든다. 결국, 작심삼일이 발생하는 원인은 바로 무의식의 작용 때문이다. 자신의 의지(의식)대로 되지 않는 것이다.

무의식은 긍정과 부정의 감정을 만드는 것이 아니라 감정 그 자체를 만들어 자각하도록 한다. 무의식의 에너지를 감정으로 자각하는 것이 의식이고, 이 의식이 긍정과 부정으로 자각한다. 그래서 의식적인 노력은 스트레스를 유발하기 때문에 무의식의 작용으로 인하여 의식은 항상 부정감정이 형성한다. 그러면 무의식은 자각된 부정감정을 없애는 작용을 하면서 결국은 노력을 중단하도록 한다. 작심삼일은 여자보다는 주로 스트레스에 민감한 남자에게서 많이 발생하는 현상이다.

미안함의 심리

 인간이 미안함을 느끼는 것은 자신의 마음이 표현되는 의식의 자각이다. 미안함은 타인에 대하여 불편함을 끼쳐서 자신의 마음이 불편할 때 표현되는 것이고, 또는 다른 사람에게 양해를 구할 때 자신의 마음을 표현하는 것으로 사회생활의 인간관계에서 자신의 마음이 정상적으로 작용할 때는 흔히 나타난다.

 정상의 마음이 작용할 때는 미안함을 자각하지만, 비정상으로 작용할 때는 미안함을 자각하지 못한다. 그래서 자신 또는 타인에 대한 마음이 정상/비정상인지 미안함을 표현하는 것을 점검해 보면 알 수 있다.

 다른 사람에게 미안하다는 말을 전혀 하지 않는 사람. 한 번도 미안함을 느껴본 적 없는 사람. 자신은 다른 사람에게 미안한 것을 하지 않는다고 큰소리치는 사람. 말은 미안하다고 하면서, 행동은 거만한 사람. 이와 같이 미안함을 전혀 모르는 사람들은 자기가 무조건 옳다고 확신하고 사는 사람들이다. 자신의 확신에 맞으면 좋은 것이고, 확신이 맞지 않으면 배척한다. 그래서 주변 사람들을 보면 모두 좋은 사람들만 있는 것처럼 보이지만 필요에 의하여 함께 하는 사람들뿐이다. 결정적인 순간에는 모두 등을 돌린다. 결국 미안함을 모르는 사람들은 자신의 마음이 비정상으로 작용하고 있지만 이를 전혀 알지 못한다. 이를 심리장애라고 한다.

정반대로 모든 것에 대해서 항상 미안함을 표현하는 사람. 항상 미안함을 느끼고 사는 사람. 늘 미안하다는 말을 하면서 굽히는 사람. 이와 같이 미안함이 지나친 사람들은 자신이 무조건 잘못된 것일 수 있다고 확신하는 사람들이다. 자신의 확신이 없기 때문에 타인에게 의존하게 된다. 이용당하기 쉽다. 결국 미안함이 지나친 사람들은 자신의 마음이 비정상으로 작용하고 있지만 이를 전혀 알지 못한다. 설사 알더라도 어쩔 수 없다고 한다. 이 또한 심리장애이다.

미안함은 정상심리에서는 당연히 발생한다. 정상심리에서는 미안함을 알지만 지나친 것을 경계하도록 무의식이 작용한다. 무의식의 작용이 어느 한쪽으로 치우치면 심리장애가 발생한다.

대화의 무의식

 사람들은 자신의 마음을 살피기 전에 상대가 자신을 어떻게 보고 있는지 알고 싶어 한다. 자신의 의식은 직접 자각하고 느끼는 것이니 자신의 마음은 잘 알고 있다고 생각하기 때문이다. 그러나 실제 자신의 무의식은 전혀 알지 못하고 있으니 자기 마음을 거의 알지 못하고 있어서 자꾸 다른 사람들이 자신을 어떻게 생각하는지 알고 싶어지도록 무의식이 작용하는 것이다. 즉, 상대가 자신을 어떻게 보고 있는지 알고 싶어 하는 마음은 자기 자신의 마음을 알지 못하는 강박으로 나타나는 현상이다.

 그럼, 상대가 나를 어떻게 생각하는지 일상의 대화를 통하여 몇 가지를 분석해 보자. 이는 상대의 무의식이 작용하여 표현되는 것으로 상대가 의도적으로 하는 것이 아니다. 상대의 입장에서는 자신도 모르게 하는 표현이다. 또한, 자신도 상대에게 어떻게 하는지 살펴보면 유익할 것이라 본다.

 1. 내가 하는 말을 상대가 깊이 경청하면서 질문을 하거나 긍

정의 반응을 하는 경우의 무의식은 상대가 나를 존경 또는 존중하고 있다는 것, 상대가 나에게 배울 것이 있다고 인식하는 것, 나를 신뢰하고 있다는 것, 나에게 호감을 갖고 있다는 것, 상호 도움이 되는 관계라는 것 등으로 분석할 수 있다.

  2. 내가 말하는 것보다는 상대가 더 많은 이야기를 하면서 자기주장을 강하게 하는 경우의 무의식은 상대가 나에게 가르쳐 주고 싶은 것, 경쟁우위에 있다는 것을 말하고 싶은 것, 내가 모르는 것이 상대가 알려 주고 싶다는 것, 문제를 예방하고 싶다는 것, 자신을 알아달라고 말하고 싶은 것 등으로 분석할 수 있다.

  3. 상대가 자기주장을 할 때, 주장과 다른 이야기를 하면 화를 내거나 짜증을 내는 경우의 무의식은 너는 내 상대가 되지 않으니 그냥 들으라고 하는 것, 자기주장이 옳다는 확신을 갖고 있는 것, 자기 자만심이 많은 것, 자기가 최고가 되고 싶다는 것, 인정을 받고 싶은 것 등으로 분석할 수 있다.

  4. 상대가 나의 이야기를 듣기만 하고 묵묵부답으로 일관하는 경우의 무의식은 나의 이야기에 관심이 없다는 것, 나와는 상관이 없다는 것, 나와 인간관계만 유지하면 된다는 것, 어떤 것도 알려 주고 싶지 않다는 것, 그저 그런 사람이라는 것 등으로 분

석할 수 있다.

5. 자기 이야기만 하고 나의 이야기는 전혀 듣지 않거나 딴청을 피우는 경우의 무의식은 나를 깔보고 있는 것, 나를 우습게 생각하고 있다는 것, 별 볼 일 없다고 생각하는 것, 자기가 다 알고 있으니 듣고 싶지 않다는 것, 이기적인 것 등으로 분석할 수 있다.

대화를 하면서 상대가 나를 인식하는 것에 대한 무의식의 작용에 대하여 간단하게 살펴보았다.

이러한 무의식의 작용은 상대가 의도하는 것은 아니다. 또한 대화는 한 번이 아니라 일상생활(자주 대화를 하는 경우)을 기준으로 해야 한다. 특히 사랑하고 좋아하는 인간관계에서는 위 5가지는 비일비재하게 나타난다. 왜냐면 무의식이 가장 잘 표현되는 인간관계이기 때문이다. 따라서 갈등이 있는 관계를 좋은 인간관계, 좋지 않은 인간관계 등으로 판단하면 안 된다.

근심과 걱정의 근원

근심과 걱정은 왜 생기는가? 많은 사람들이 근심과 걱정의 근원에 대한 질문을 많이 한다. 근심과 걱정은 '기억에 대하여 불확실한 미래를 생각할 때 나타나는 강박'으로 생기는 부정감정이며, 스트레스 또는 상처로 작용한다.

이를 조금 더 세밀하게 살펴보면, 첫 번째는 정보(다섯 개 감각기관으로 유입되는 외부정보 또는 과거의 기억정보) 중에 자기 행복과 맞지 않는 특정한 현상에 대하여 자기 행복에 맞도록 하기 위하여 무의식이 계속 작용하면서 에너지가 생성된다.

두 번째는 무의식의 작용에 의하여 의식은 자기 행복에 맞지 않는 정보를 자각하게 되면서 무의식에서 전달된 에너지를 부정감정으로 자각하면서 인식한다. 그래서 특정 현상의 정보를 자각하면서 동시에 부정감정을 결합한다. 이를 통합하여 자각하고 느끼는 것이 생각이다.

세 번째는 이 생각으로 자각되는 부정감정의 정보에 대하여 미래에도 지속될 것이라는 생각으로 확대가 되면 강박이 형성되면서 근심과 걱정을 하게 되는 것이다.

이와 같이 근심과 걱정은 외부 또는 과거의 기억에 의하여 발생하는 것이 아니라, 그 정보에 대하여 발생하는 감정에 대한 생각이 확대되면서 발생하는 것임을 알 수 있다.

이처럼 인간의 마음은 의식과 무의식이 상호 작용하면서 생각, 느낌, 감정 등을 자각한다.

마음에 문제가 발생하였을 때, 정보를 조작하는 것은 불가능하지만, 발생하는 감정을 조정하는 것은 어렵지 않다. 따라서 의식과 무의식의 작용을 알게 된다면 마음의 문제를 해결할 수 있는 방법도 쉽게 알 수 있고, 부정감정을 긍정감정으로 전환하는 것도 어렵지 않다.

결국 외부정보와 과거 기억정보를 부정감정에서 무감정 또는 긍정감정으로 전환한다면, 모든 기억을 소중한 자기 행복의 자산이 된다.

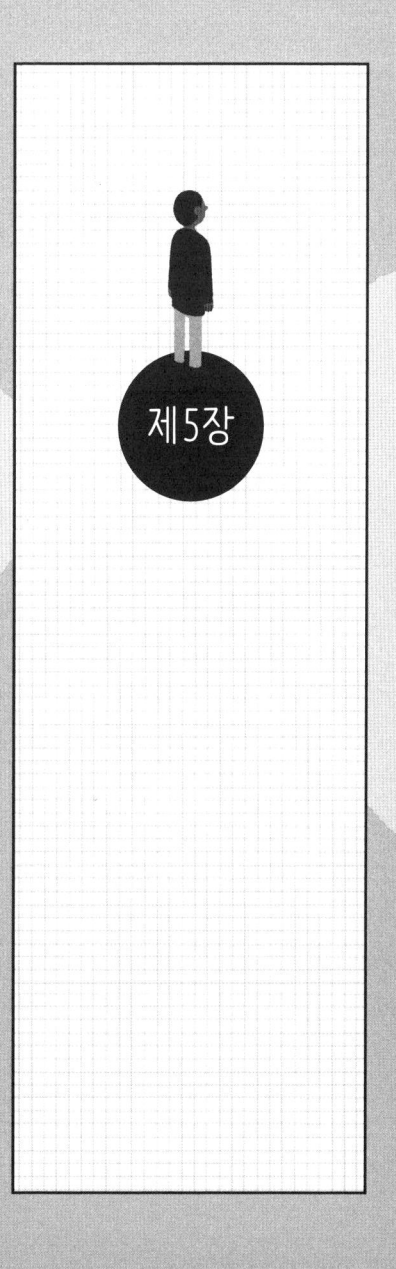

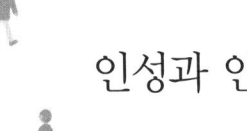

인성과 인간성

인성은 사람의 마음이고, 인간성은 인간의 마음이다.

사람의 마음은 자신만의 행복을 추구하는 마음이고,

인간의 마음은 다른 사람과 함께 자아실현을 추구하는 마음이다.

인성과 인간성의 개념을 아는 것은 마음과 심리의 시작이다.

그만큼 인성과 인간성의 개념은 중요하다.

인성교육의 허구

한 고등학교 선생님들의 인성교육연수를 위한 특강을 했다. 인성교육의 연수라면 인성교육에 대한 개념을 이야기해야 하는데, 지금까지 알려진 인성교육은 지식교육으로서 인성에 문제를 유발하는 교육이라는 것을 어떻게 설명해야 하는지 생각이 많았다. 그래서 인성과 인간성의 차이를 설명하고, 무엇이 문제인지를 선생님들 스스로 자문자답할 수 있는 시간을 갖도록 해 보았다.

인성은 사람의 마음으로서 자기행복을 추구하도록 하고, 타인과 관계없이 자신 스스로의 행복만을 생각하도록 한다. 반면 인간성은 인간의 마음으로서 함께 행복을 추구하도록 하면서 자아실현을 해 가는 마음이라 할 수 있다.

이 차이를 생각하면 인성교육이 얼마나 허구인지 정확히 알 수 있다.

제목에 해답이 있다.

인성교육은 사람으로서 자기만의 행복을 추구하는 권리를 갖는 교육이다.

과연 이러한 인성교육의 결과는 어떻게 될 것인가?

인간으로서 함께 행복을 추구하는 인간성교육이 필요하지 않을까?

인성교육의 현실

인성은 성격도 심리도 아니다.

인성은 마음이다.

인성함양은 무엇이고, 인성교육은 무엇을 위한 것일까?

지식을 가르치는 것은 심리일 뿐 마음에 영향을 주지 않고, 인성은 더 나빠진다.

지식은 인성을 왜곡되고 나쁘게 만드는 교육이다.

그래서 지식교육인 인성교육의 슬픈 현실이 안타깝다.

인성교육에 대한 생각

 2015년 7월부터 '인성교육진흥법'이 시행되어 지금 많은 인성교육이 활성화되고 있다. 이와 함께 인성교육을 위한 교수 및 강사를 선발하여 인성교육 전문가를 양성하고 있다.

 그러나 지금까지 내가 살펴본 인성교육의 교육프로그램을 분석해 보니, 인성교육이 무엇인지는 정확히 아는 것 같지 않다.

 또한, 교육방법 및 교육내용은 전혀 인성교육이 아니었다. 즉 마음을 알려 주어야 하는데, 생각과 기억만 교육하기 때문에 결국 의식교육 또는 지식교육이 될 수밖에 없는 것이다. 이는 결코 인성교육이 될 수 없다.

 인성교육의 개념은 알지만, 인성교육이 무엇인지는 전혀 모른다고 할 수 있다. 무의식을 아는 사람이 없다는 뜻이다.

마음을 아는 교육, 강의, 강연

마음과 심리의 이치를 모르면, 배워서 알면 된다.

그런데 모르면서 아는 것처럼 말하는 것은 심각하다.

유명한 사람일수록 폐해는 더 클 것이다.

현재 많은 힐링교육, 심리교육, 마음교육, 예방교육을 비롯하여 강연과 상담이 있는데 왜 점점 문제가 더 확산되고 심각해질까?

교육, 강연, 상담하는 사람들이 마음을 모르면서 마치 모든 것을 안다고 말하는 것은 아닌지 생각해 본다.

강연과 강의가 대세인가?

요즘은 강의가 대세인 듯하다. 인문학, 힐링, 펀/웃음, 각종 특강, TV, 강연… 많은 강의가 있고 스타강사도 즐비하다. '웃으면 복이 온다'는 말이 있듯이 청중들에게 즐거움과 재미를 줄 수 있는 강의법(교수법)이 대세인가? 모두가 정말 강의를 잘한다. 나는 꼽사리도 끼지 못할 만큼 잘 한다. 나는 심리이론과 치료기법을 개발하지 강의하는 사람은 아니니까 당연한 것이다.

강의를 들으면서 생각해 보았다. 청중들에게 즐거움과 재미를 주고 있는 강의 내용이 그 목적을 이룰 수 있을까? 이 많은 강사들은 무엇을, 왜 강의하는 것일까?

혹시 이런 생각을 해 본 적은 없는가? 즐거움과 재미있는 강의가 훌륭했는데, 청중들의 마음에서는 별 효용성이 없다면, 아니 오히려 무의식에서는 심각한 문제가 유발되는 강의라면 어떻게 되는 것일까?

이렇게 말하면 내가 매우 비판적이라고 할 수 있을 것이다. 그러나 인간의 심리에서는 의식인 생각과 기억이 즐겁고 재미있으면, 무의식은 이를 받아들이지 않고 거부하여 3일 이내 기억에서 제거한다. 즉 3일이 지나면 강의 효과는 없어진다는 뜻이다. 이것이 인간의 감정기억오류이다.

그래서 지식교육은 하지 말아야 하는 이유이다. 물론 인성교육이나 감정코칭을 하고 있지만 이 또한 모두가 지식교육의 변형일 뿐이라는 것을 아는 사람들이 별로 없다.

과거에 비하면 강의가 많다. 강사들도 정말 많다. 모두가 훌륭한 강의내용이다. 그런데 왜 사회는 점점 더 어렵고 힘들고 병들어 가는 것일까?

분명 무엇인가 알지 못해서 놓치고 있는 것이 있다고 생각해 볼 수 있을 것이다. 보이고 생각하는 것이 전부가 아니라는 것에 대해서 강사, 전문가, 학자, 그리고 모든 사람들이 알았으면 좋겠다.

성교육은 섹스를 권장하는 교육이다

심각한 것은 인성교육만의 문제가 아니다. 현재 보편적으로 실시하고 있는 예방교육에 대하여 분석해 보면 상황이 조금은 심각하다.

성교육은 섹스를 권장하는 교육이고
성폭력예방교육은 성폭력을 권장하는 교육이며
자살예방교육은 자살을 권장하는 교육이고
성희롱예방교육은 성희롱을 권장하는 교육이다.

그러니 예방이 되지 않고 오히려 증가될 뿐이다. 이러한 예방교육을 지금은 전 국민을 대상으로, 어린 나이부터 시행하고 있다. 보이는 것이 전부가 아니다. 예방될 것이고, 예방되는 것처럼 보이지만 오히려 정반대의 현상이 생긴다는 것은 전혀 모르고 있다.

가르치고 교육하는 것이 전부가 아니다. 교육을 하려면 정확히 해야 하는 것이다. 그렇지 못하면 끔찍한 결과로 사회문제는 더욱 심각해진다. 다양한 통계 수치상으로는 줄어든다고 말하는데, 실제는 확대되고 있다면, 교육이 문제가 아니라 교육내용에 문제가 있다는 것을 알아야 하는 것이 아닐까?

이외에도 얼마나 많은 강연과 교육이 있겠는가? 내가 침묵할 수밖에 없는 것이다. 학문적 지식, 경험적 지식, 그리고 지식교육의 입장에서는 벽창호나 우이독경이 따로 없다. 그래서 나는 사람들에게 마음교육이 얼마나 중요한지 역설할 때 이를 증명해 준다. 그러면 모두 충격에 빠진다. 이는 명확하게 증명할 수 있는 진실이다. 증명을 해 주겠다고 해도 듣지 않고 신경도 안 쓴다.

그러나 슬프게도 미국에서는 우리와 같은 사람들의 말에 관심을 갖고, 파일럿 프로그램으로 운영을 제안한다. 한국에서조차 인정받지 못하고 있는데, 미국의 전문가들은 구체적으로 듣고 충격적으로 받아들이면서, 자신들이 지금까지 해결하지 못한 원인을 이제야 명확히 알았다고 했다. 공동연구를 하자고도 한다. 그런데, 한국에서는 들으려고 하지도 않고 검증(많은 연구논문)부터 가져오란다. 나는 할 말이 없었고 돌아서야 했다. 한 번이라도 들어보고 생각하고 판단하면 안 되나?

성교육의 강사와 선생님

지금 이 순간에도 많은 곳에서 성교육을 하고 있을 것이다. 초등학교, 중학교, 고등학교, 심지어는 유치원까지 그리고 성인을 대상으로 하는 성희롱예방교육까지 다양하고 많은 성교육이 실시되고 있다. 법적 의무교육으로까지 확대되었다.

나는 성교육이 잘못되었다고 말하는 것이 아니다. 성교육은 꼭 필요하다. 그러나 성교육 전에 한 번이라도 성마음교육은 하고 있는지 생각해 보면 좋겠다.

현재의 성교육이 언제부터 시작되었는지는 중요하지 않지만, 성교육이 시작된 후 사회발전과 더불어서 성 문제도 심각해지고 있다는 사실, 성교육이 어린 나이부터 시작될수록 성 문제가 점점 어린 나이부터 시작된다는 점은 간과하면 안 된다.

성교육전에 성마음교육이 필요하다. 그렇지 않으면 성교육은 섹스를 권장하는 교육이 되고, 성희롱예방교육은 성희롱을 권장하는 교육이 되며, 성폭력예방교육은 성폭력을 권장하는 교육으로 전락한다.

또한 인성교육도 마찬가지이다. 마음교육이 병행되지 않으면 인성교육은 오히려 인성을 파괴하는 교육으로 전락하게 된다.

그렇다고 현재의 성교육이나 예방교육, 인성교육 등이 잘못되었다는 것이 아니다. 훌륭하고 좋은 것은 맞다. 그러나 이 모두가 지식교육이기 때문에 마음의 무의식에서는 역효과를 불러오는 것임을 모르고 있다.

아마도 이해가 되지 않을 것이고, 반론을 제기할 수도 있다. 논란을 만들고자 하는 것이 아니다. 다만 몇 가지만 제대로 알고 성교육을 했으면 좋겠다.

성적 자기결정권(자기성결정권)을 정확히 알고 있기를 바란다.

심리순결이 무엇인지 알고 있기를 바란다.

여자의 성 심리와 남자의 성 심리를 정확히 알기를 바란다.

성범죄가 무의식에서 왜 발생하는지 원리를 알기 바란다.

마음이 작용하는 원리를 정확히 알지 못하는 상황에서 마음을 교육한다는 것은 지식교육일 뿐이다. 이 지식교육은 훌륭하고 꼭 필요한 교육일 수는 있지만, 무의식에서는 역작용이 발생한다. 즉 무의식을 알지 못하는 마음교육이라는 뜻이다.

감정코칭의 현실

요즘 교육, 강의, 강연을 보면 감정코칭이 많다. 또한 주변에 많은 감정코칭의 강사와 전문가들이 있다. 이 감정코칭은 감정에 대하여 인지와 행동에 중점을 두고 있다. 이제야 감정이 중요한 것은 인식하고 있다는 점에서 주목할 수 있고, 현실의 문제에 대하여 조금은 인식하고 있는 것이다. 인성교육이 활성화되는 데 한몫을 하고 있는 것도 사실이다. 그러나 감정코칭보다 더 중요한 것이 감정에 대한 실체를 명확히 아는 것이다.

일시적인 감정을 기분이라 하고, 인지와 행동이 중단되어도 기분이 지속되는 것을 감정이라고 한다. 그러면 기분과 감정은 언제, 어떻게, 왜 발생하는지 정확히 알고 있는가? 알려면 제대로 정확히 알아야 하지 않겠는가?

하나의 사례를 들어 보자. 흔히 알고 있는 감정의 전이와 역전이가 있다. 인간의 마음에서는 감정 전이와 역전이가 없다는 것은 알고 있는가? 전이와 역전이는 생각이 만들어 낸 허상일 뿐이다. 감정은 오롯이 인간의 무의식이 만든다. 외부정보와 기억정보에는 감정이 없다. 이처럼 간단한 감정에 대한 실체도 왜곡되어 있다. 감정의 실체를 알지 못한 채, 인식하고 추측하고 행동(표현)하는 것은 기분이고 생각이다. 그래서 의식(생각과 기억)의 작용인 것이다.

정작 감정코칭을 보면 감정의 실체는 모른다. 그러다 보니 감정코칭은 일시적 효과에 불과한 것으로 전락하는 것이다. 감정코칭을 하는 데 있어서 감정의 실체도 정확히 알지 못하면 안 되지 않겠는가? 작은 일부분(의식의 생각과 기억)을 전부라고 확신하면 매우 심각한 문제를 야기한다. 그것을 더욱 부채질하는 감정코칭이 되지 않기를 바라는 마음이다.

현재의 인성교육은 지식교육이다. 인성교육은 감정의 실체를 알지 못하면 지식교육에 불과한 것임을 아는지 모르는지. 지금처럼 활성화되면 될수록 사회문제는 심각해질 뿐이다. 지식교육의 결과이니까. 따라서 느끼기에 좋은 것이 좋은 것만은 아니다. 오히려 좋은 것이 심각한 문제를 발생하게 하는 원인이 될 수 있다.

강연에 대한 감정의 작용

 강연은 그만큼 많은 사람들을 대상으로 주제에 대한 유익한 정보와 마음을 전달한다. 강연(강의)은 많다. 인문학 강연, 종교인 강연, 힐링강연, TV강연, 공공기관 및 기업의 강연, 학교의 특강, 기타 특강 등 많은 곳에서 많은 강사들이 활동하고 있다. 강연(강의) 천국이라 할 만큼 많다. 유명 스타강사도 많다.

 그러나 강연을 듣는 청중 또는 시청자들의 감정이 어떻게 작용하는지 알면 강연의 효과성을 분석할 수 있다. 강연이 재미있고, 즐겁고, 웃을 수 있으면, 긍정감정이 발생하면서 남자와 여자의 마음에서 다르게 작용한다.

 남자는 가장 최근의 긍정감정만 기억하기 때문에 쉽고 빠르게 잊히고, 여자는 긍정감정을 기억하지 못하기 때문에 일상에서 쉽게 잊힌다. 따라서 즐겁고 재미있고, 웃을 수 있고, 좋은 감정을 유발하는 강연은 오래되지 않아 기억에서 잊힌다.

강연이 상처를 다루면, 부정감정이 발생하면서 남자와 여자의 마음에서 다르게 작용한다. 남자는 부정감정을 기억하지 못하기 때문에 쉽게 잊게 되고, 여자는 부정감정을 기억하게 됨으로써 상처로 작용하게 된다. 따라서 부정감정을 유발하는 강연은 강연의 주제와 정보를 모두 부정하게 된다.

웃고 즐겁고 재미있는 강연, 상처를 다루는 강연 등은 생각해 볼 필요가 많다. 들을 때는 좋을지 모르나, 수일 내에 기억에서 사라지게 된다. 즉 의식(생각과 기억)을 다루는 강연은 감정의 작용에 의하여 별 효과가 없다.

감정에 직접 작용하도록 하려면 반드시 무의식을 다루는 강연을 해야 한다. 무의식을 정확히 알아야 하고, 이를 적용하여 강연의 주제와 정보를 전달한다면 그 효과는 클 것이다.

불행히도 아직 이러한 강연을 들어 본 적이 없다. 그렇지 않다고 반론을 제기하는 사람들이 있으리라는 것도 잘 알고 있다. 의식에 익숙해진 것이기 때문에 충분히 이해한다. 보이는 것이 전부가 아니라는 것만 알았으면 좋겠다.

킬링(Killing)과 힐링(Healing)

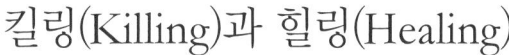

여러분은 스트레스와 상처에 대하여 힐링을 하고 있는가? 혹시 힐링으로 착각한 킬링을 하는 것은 아닌가? 일시적인 기분의 전환을 위한 힐링, 지속되는 감정의 치료를 위한 힐링은 전혀 다르다.

기분전환을 해야 하는데 감정치료를 하는 것은 힐링이 아니라 킬링이 되고, 감정치료를 해야 하는데 기분전환을 하는 것은 힐링이 아니라 킬링이 된다는 사실을 알고 있는가?

힐링을 위한 강연, 교육, 방송, 상담, 유명인의 연설, 도서… 대부분 기분전환의 힐링이다.

기분전환의 힐링은 감정치료를 필요로 하는 사람에게는 킬링이다. 감정치료가 필요한 사람이 지속적으로 기분전환의 힐링에 노출되면, 마음과 심리가 파괴되면서 심각한 고통과 위기 또는 정반대의 쾌락주의자로 전락한다. 즉 마음과 심리를 힐링하는 것이 아니라 킬링하는 것이다.

 이는 무의식을 정확히 알지 못한 채 그저 힐링(Healing)이면 다 좋은 것으로 알고 많은 사람들에게 대단한 것처럼 알려 주고 있는 무지몽매한 전문가들 때문에 발생하는 현상이다.

 훌륭한 것, 멋진 명언과 격언, 즐겁고 좋은 것. 좋은 것이 좋겠지만 좋은 것이 최악일 수 있다는 것은 누구나 알고 있다. 다만 이를 구별하지 못할 뿐이다. 그저 모르면 가만히 있으면 킬링하지 않을 것인데, 모르면서도 아는 채 확신하고 전파하는 사람들이 많은 사람들을 킬링하는 것임을 알아야 한다.

킬링하는 특강과 강의

많은 사람들이 트라우마, 스트레스, 상처 등의 웰빙과 치료, 행복에 대한 특강을 많이 하고 있고, 특강과 강의를 받고 있다.

웰빙, 심리, 행복, 감정, 트라우마, 상처, 스트레스 등의 기준은 무엇인가?

이 기준을 알지 못하는 심리학자나 전문가 또는 강사 등에 의하여 과연 힐링과 행복, 치료가 될까?

무엇을 위한 특강, 강연, 강의를 하는지 모를 지경이다. 강연을 하려면 제대로 알고 하면 좋으련만, 지금은 누구나 마음과 심리를 주제로 강의하고, 실망하고, 치료되지 않고, 행복해지지 않는 현실을 어떻게 탓하겠는가?

기분전환을 위한 특강, 강연, 강의는 아닌가?

기분전환의 스트레스를 힐링하는 것은 누구나 어렵지 않다. 즐겁고 재미있고 좋은 말과 훌륭한 말이면 충분하다.

그러나 감정치료의 상처를 힐링하고자 할 때 기분전환의 특강과 강의는 최악의 결과를 갖게 된다. 마음과 심리를 모두 파괴하는 강의가 되는 것이다.

자신이 하는 특강, 강연, 강의가 기분전환을 위한 것인지, 감정치료를 위한 것인지 구분하여 정확히 알기 바란다. 최소한 킬링(killing)을 하지는 말아야 하지 않겠는가?

심리학은 왜 배우는가?

나는 늘 하는 말이 있다. "심리전문가라고 상담을 쉽게 생각하지 말라. 상담을 한다는 것은 내담자의 삶을 좌우할 만큼 중요하기 때문에 인간의 마음과 심리의 원리를 정확히 알지 못하는 상태에서 지식으로 상담하는 것은 내담자를 불행하게 만들고 한 가정을 파괴하는 일이며 더 나아가서 사회를 병들게 하는 원인이 된다."

대부분 심리학을 공부하는 이유가 있다. 바로 자신의 상처와 트라우마에 대하여 알고 싶기 때문에 심리를 공부하기 시작하고, 지식이 쌓이면서 심리학 또는 상담까지 연결하여 지속한다. 이렇게 자신의 내면을 알고 싶어서 시작한 심리공부가 심리학을 배우는 원인이 되고, 상담사 또는 전문가까지 갈 수 있도록 만든다.

그러면, 우리가 알고 있는 심리이론들을 모두 공부하면 정확한 인간의 심리를 알 수 있을까? 심리를 공부할 때, 어떤 심리이론을 공부하는가? 그 심리이론이 정말 인간의 심리를 모두 알 수 있는가?

　나는 심리학자, 심리상담사, 유명한 심리전문가, 자칭 심리전문가 등을 많이 만나 보았다. 찾아오는 사람도 많고, 내가 궁금해서 의견을 나누는 분도 많았다. 그러나 안타깝게도 지금까지 마음의 원리와 기준을 정확히 아는 분을 성직자 몇 분을 제외하고는 만나지 못했다.

　심리학자, 유명인, 유명강사, 전문상담사 등 다양한 분들이 지금도 열심히 상담과 치료를 위하여 노력하고 있지만, 실제 인간 심리의 원리와 깨우침을 가진 분은 없었기 때문에 심리학과 상담학 등에 대한 이야기를 할 때는 조금 걱정스러운 부분이 있다.

　그래서 나는 항상 "심리학을 왜 배우는가?", "자신이 알고 있는 것이 정확한 인간의 마음이 맞는가?"를 묻는다. 10년 이상 심리를 공부했다고 마음을 아는 것은 아니다. 어설픈 지식으로 내담자를 불행하게 만드는 전문가 바보가 아니길 바란다. 나 또한 그런 어설픈 전문가가 되지 않기 위하여 내가 아는 것이 정말 정확한 것인지를 검증 또 검증하면서 연구를 계속한다.

심리학을 공부해야 하는가?

나는 항상 강의를 가기 전에 마음과 심리에 대하여 생각한다.

심리학은 진실일까?
지금까지의 마음을 다루는 학문은 인간의 마음을 정확히 해석하고 있을까?

지금까지 내가 마음을 연구해 본 결과로 보면 심리학에 대해서는 부정적이다. 심리학의 학자와 전문가들은 자신들의 틀 속에서 벗어나지 못한 채 의식의 하나인 성격에 의존한 심리의 일부분만을 다루면서 마치 심리학의 전부인 것처럼 하는 것이 안타깝다. 그저 뇌 과학으로 인간의 뇌를 연구하는 것으로 많은 심리를 해석하려고 하는데, 예전에 호르몬으로 심리를 해석하려고 한 것과 별반 다를 바 없다.

심리를 정확히 알려면 보이지도 느낄 수도 없는 무의식을 정확히 해석해야 한다. 무의식을 알게 되면, 인간의 심리가 매우 단순 명료한 원리에 의하여 작용하는 것을 알게 된다. 무의식을 정확히 해석하면 비로소 심리를 정확히 볼 수 있다.

의식과 부의식은 인간의 마음을 구성하고 있고, 부의식의 작용에 의하여 의식이 작용하기 때문에 무의식을 알지 못하면 의식은 그저 보이는 부분만 작용하는 것처럼 느껴진다. 이는 심리의 전부가 아니다. 극히 일부분일 뿐이다.

지금까지의 심리학은 무의식을 거의 모른다. 따라서 심리학이라는 말 자체가 잘못된 용어이다. 심리학이 마치 심리의 전부인 것처럼 말하는 전문가들은 냉철하게 생각해야 한다. 보이고 느껴지는 의식의 하나만을 연구하고 있으니 심리학이 그토록 복잡하고 어렵고 힘든 것이다.

진리는 쉽고 단순하다. 어렵고 복잡하고 힘든 것은 진리를 모르기 때문이다. 이 단순한 것을 모르기 때문에 지금까지 심리학은 제자리걸음이 되는 것이다.

이런 심리학을 공부하는 것이 과연 옳은가?

심리학자, 정신의학자, 전문가에게 묻고 싶다. 인간의 마음을 말씀하시는 많은 전문가, 유명한 분들에게 묻고 싶다.

- 자기 자신의 무의식은 알고 있는가?
- 자기 자신의 마음은 알고 있는가?
- 자기 자신의 심리를 정확히 알고 있는가?

 자신의 심리와 마음이 작용하는 무의식도 모른 채, 무슨 심리와 마음을 논하고 있는지 모르겠다.

미국을 비롯하여 전 세계의 학자들이 왜 무의식을 연구하지 못하고 있을까? 왜 뇌 과학에 치중하여 인간의 뇌만 연구하고 있을까? 그런다고 무의식을 알 수 있다고 생각하는가? 무의식은 뇌 과학으로는 해석하기 어렵다.

보이는 것이 전부가 아니다. 보이고 느끼는 것은 극히 일부분이고, 보이고 느껴지도록 만드는 무의식을 모르면 보이는 것만 믿는 과학에 의존하게 될 뿐이다.

심리문제의 분석

많은 사람들이 우울증, 공황장애. 성격장애, 다양한 중독증, 기타 심리문제로 어려움을 겪는다. 자신에게 심리문제가 생겼다는 것을 알면서도 치료하려고 노력하지 않기도 하지만, 자신에게는 심리문제가 없다고 하는 사람들도 많다. 이럴 때 어떻게 심리문제가 있다고 분석하는지 알고 싶어 한다.

인간은 누구나 심리문제를 갖고 있다. 단 한 명도 예외가 없다. 다만, 심리문제가 내부표현 또는 외부표현 등으로 얼마나 자주 하느냐에 따라서 다를 뿐이다.

심리문제를 전혀 표현하지 않고 살고 있으면 심리문제가 없는 것으로 인식된다. 심리안정의 상태이다.

심리문제가 가끔 표현되는 것은 심리문제가 나타난 것이고 자주 표현될 것을 예고하는 것이다.

심리문제가 자주 표현되는 것은 심리문제에서 심리장애로 전환되고 있는 중이라 할 수 있다.

심리장애는 심리문제가 항상 표현되고 있는 것을 말한다.

이렇게 내부표현과 외부표현을 살펴보면 심리문제와 심리장애를 분석할 수 있다. 자기 자신 또는 주변 사람들을 살펴보면 알 수 있다.

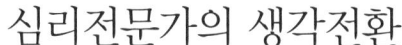

심리전문가의 생각전환

　심리전문가는 생각을 조금 다르게 해야 한다. 현상(사실)보다는 감정(보이지 않는 심리)을 보는 눈이 있어야 한다. 이를 위해서는 인간심리의 무의식을 정확히 알아야만 보인다.

　상대가 화를 낼 때는 화를 내는 사실을 보지 말고, 화를 내게 되는 무의식을 보아야 한다. 남자가 화를 낼 때는, 인지된 정보가 무의식에 의하여 이를 차단하도록 한다. 이때 발생하는 표현이 '화'이다. 이와 같이 현상을 보는 것보다는 무의식이 작용하는 과정이 보여야만 심리전문가가 될 수 있다. 이것이 보일 때까지는 열심히 공부하고 수련해야만 한다.

　또한, 타인에 대한 자신의 생각은 95% 이상 왜곡되어 잘못 생각한다. 상대의 표현이 무의식인 것에 반하여 자신의 인식은 의식인 생각이기 때문에 상대에 대한 왜곡된 인지를 할 수밖에 없는 것이 인간이다.
　내담자를 앞에 두고 상담을 할 때는 자신의 무의식을 믿어라.

그리고 확신해야만 한다. 상담을 마친 후 상담분석 및 보고서를 작성할 때 문제가 있는 부분, 뜻대로 잘 되지 않은 부분은 '자신이 한 상담이 잘못되었을 수 있다는 전제로 분석해야 한다.' 이때, 모든 것을 내담자의 무의식 작용에 맞추어서 분석해야 한다. 그러면 원인을 찾고, 문제해결의 방법을 찾게 된다.

내담자의 인생에 개입하지 말라. 잘잘못을 논하면 안 된다. 상담사는 내담자에게 이래라저래라 할 수 없다. 옳다/그르다, 잘했다/잘못했다, 칭찬과 비난 등을 할 수 없다. 내담자가 한 모든 것은 인간이기 때문에 당연한 것임을 알아야 한다.

심리전문가는 어떤 최악의 상황이라도 내담자의 심리를 정확히 해석하고, 원인을 분석하여 현재의 문제해결과 행복을 만들 수 있는 방법을 제시하는 것, 심리를 해석하여 알려 주는 통역일 뿐이다. 내담자나 타인보다 뛰어난 능력을 가진 사람이 결코 아니다. 자신이 뛰어난 능력을 가진 전문가라고 생각하고 행동하는 순간 최악의 전문가가 되어 사람들을 파괴하는 악마로 돌변한다.

사이비 심리이론

마음과 심리의 이론에는 사이비가 아주 많다.

사이비는 겉으로는 그럴듯하지만 본질과는 전혀 다른 것을 말한다. 그래서 사이비 심리이론과 마음이론은 공통적인 내용을 갖는다.

멋있고 훌륭하고 화려하게 포장되어 있지만, 실효성은 없다. 추상적이면서 신격화되어 있으며, 특정 개인을 우상화한다. 인간의 마음을 우주에 비유하고 삼라만상으로 비유하여 애매모호하다. 인간을 선악, 잘잘못, 피해/가해 등의 대립하는 존재로 인식한다. 인간 마음의 본질과 진리를 전혀 알지 못하고 설명도 못 한다.

나는 마음이론과 성마음이론, 치료기법과 교육기법을 개발하면서 하는 말이 있다.

발견하고 개발하고 만드는 사람.

사회에 적용하여 펼쳐가는 사람.
사업으로 수익을 창출하는 사람.
다른 사람들에게 행복을 주는 사람.

이 모두 달라야 한다.
이 모든 것이 한 사람에게 치우치면 그것이 곧 사이비다.

내가 만들었으니 내 것이라는 의식은 결국 자신을 사이비로 만들게 된다.

진리의 탐구: 깨달음

진리는 단순명료하다.

말이 화려하고, 복잡하고, 어렵고, 많은 것은 진리가 아니다.

진리는 어디에서든 동일하지만, 진리의 해석은 상황에 따라 변한다.

어떤 현상이든 "왜?"라는 질문을 해 보라.
질문의 대답에 계속 "왜?"라고 해 보라. 계속.

그러면 수천~수만 개의 "왜?"라는 질문이 계속되는 것을 알게 될 것이다. 이는 아직 진리를 발견하지 못했기 때문이다.

질문에 질문을 계속하다가 더 이상 질문할 것이 없게 되면, 결국은 모든 것이 하나에서 비롯되는 것을 알게 된다. 그 하나가 진리이고 깨달음이다.

내가 경험을 해 보니 최소한 10년 이상은 폐인처럼 몰입해야 한다. 그러면 깨닫게 되는데, 깨닫고 난 후 몇 개월은 행복하지만, 그 후는 매우 힘들고 고통스럽고 아프게 된다.

그런 후에는 깨달음을 후회하게 되고, 마음이 무념무상이 된다.

내면아이는 잘못된 개념이다

내면아이는 성인아이라고 부르기도 한다. '인간은 누구나 무의식에 어린아이의 자아를 갖고 있다'는 가설에서 시작된 개념이다. 또한 어린 시절의 상처를 갖고 성인으로 살아갈 때, 무의식으로 어린 시절의 상처가 작용하여 현재에 어려움이 형성된다고 한다. 그래서 성인이 되어도 어린 시절의 상처를 표현하기 때문이라고 하고, 이를 '내면아이 상처'라고 한다.

요즘 대세가 '내면아이 상처치유'이고, 내면아이의 개념이 심리치료에 매우 큰 영향을 주고 있다. 그래서 원가정과 성장과정을 진단하고 분석하는 기법이 유행하고 있는 것이다. 이처럼 내면아이의 개념은 심리, 상담, 심리치료 등에서는 뺄 수 없는 매우 중요한 개념이 되어 있다.

그러나 인간의 무의식을 정확히 해석하면, 내면아이는 매우 잘못된 개념이라는 것을 알 수 있다. 내면아이의 개념으로 심리치료를 할 때 효과가 좋다는 것을 분석해 보면, 1) 심리치료가 되었다고 하지만 또 다른 심리문제 또는 심리장애로 전환하는 것임을 알 수 있고, 2) 심리치료가 되지 않아 오랫동안 심리치료가 지속되는 것을 알 수 있었으며, 3) 심리치료가 전혀 되지 않는 것 등을 알 수 있었다.

물론 일부이기는 하지만 심리치료가 되는 경우도 있는데, 이는 내면아이의 개념에 의하여 치료된 것이 아니라 우연히 치료된 것이었다. 이에 대한 반론 및 논쟁이 있을 수도 있다. 이는 기회가 된다면 어렵지 않게 증명해 줄 수 있다.

인간은 무의식이 존재한다. 이 무의식은 인간이면 누구나 똑같다. 이 무의식이 작용할 때 의식(경험의 기억, 생각)이 자각하게 되고, 표현하도록 한다. 모든 인간이 똑같은 무의식이 작용하지만, 의식(경험의 기억, 생각)은 모두 다르기 때문에 마치 내면에 아이가 있는 것처럼 보이는 것뿐이다.

따라서 내면아이라는 개념은 실제 무의식이 아니다. 내면아이의 개념은 무의식의 작용으로 인하여 표현되는 의식의 현상(경험의 기억)이다. 또한 '내면아이 치료'는 결국 의식을 의식적으로 치료하는 것이기 때문에 무의식의 작용과는 전혀 관계가 없다.

내면아이는 무의식에 의하여 의식(경험의 기억)이 작용한 현상이다. 그래서 내면아이는 어린 시절의 자아가 아닌 기억의 하나이고, '내면아이 치료'는 의식(기억)의 상처를 의식적으로 치료하는 것이다. 말만 그럴듯하게 바꾸었을 뿐이지 기존의 프로이트 정신분석부터 현재에 이르기까지의 개념과 별다를 것이 없다. 그러니 심리치료가 되지 않는 것이다.

인간이라면 성장하면서 어린 시절이 존재하고, 어린 시절의 기억이 당연히 있다. 따라서 어린 시절에 받은 상처가 어른이 되어서도 계속 무의식적으로 작용한다는 것은 잘못된 개념이라 할 수 있다.

어린 시절에 받은 상처가 무의식적으로 작용하는 것이 아니라, 실제는 똑같은 무의식이 작용하여 기억된 어린 시절의 상처를 자각하도록 하고, 이를 표현하는 것이다.

즉 내면아이는 무의식과 전혀 관계없는 의식(기억)이다. 이를 마치 무의식의 내면아이로 인하여 현재의 심리문제 또는 심리장애가 발생한다는 개념은 처음부터 잘못된 것이라 할 수 있는 것이다.

내면아이는 인간이라면 누구에게나 존재하는 기억일 뿐이고, 의식(기억)의 작용이라는 것을 알기 바란다. 내면아이는 무의식이 절대 아니다.

내면아이와 원가정의 오류

마음과 심리에 대한 글이나 이야기를 듣다 보면 웃기는 현상을 자주 본다. 특히 상담을 하다 보면, 내담자들이 내면아이, 원가정, 성격유형 등의 말을 한다. 나는 그냥 듣는다. 다른 전문가들이 상담하였거나, 마음과 심리의 책을 부지런히 읽은 사람이라고 생각한다. 그러면서 나는 '문제해결을 하는 데 기간이 길어지겠구나.'라고 생각한다.

마음과 심리의 문제를 해결할 때 제일 시간이 오래 걸리는 사람들이 바로 마음과 심리를 어설프게 알고 있는 경우이다. 마음과 심리를 정확히 알면 오히려 새로운 마음의 근원과 무의식의 개념을 받아들이고 쉽게 해결하는데, 어설프게 아는 것이 제일 문제이다.

마음과 심리의 문제를 해결할 때는 내면아이, 원가정 트라우마, 성격유형 등은 필요하지 않다. 내가 MMPI, MBTI, 애니어그램을 몰라서 사용하지 않는 것이 아니다. 마음과 심리의 문제를 해결할 때 시간, 노력, 비용의 낭비이기 때문에 안 하는 것일 뿐이다.

또한, 내면의 상처, 어린 시절과 성장과정의 트라우마, 사람들의 성격유형, 기타 트라우마의 분석은 하지 않는다. 내가 알아야 할 이유가 없기 때문이다.

그러면 사람들은 "어떻게 상담하고, 마음과 심리를 치료하느냐"고 말한다.

마음과 심리에 대한 진리, 이치, 원리를 정확히 알고 무의식을 알면, 상처와 트라우마를 알지 못해도 상처를 치료하고 마음과 심리의 문제를 해결할 수 있다. 이것이 진정한 심리전문가이다.

무의식의 해석

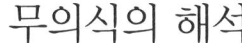

나는 무의식을 해석하게 되었을 때 정말 기뻤다. 그러나 곧 죽고 싶을 만큼 힘들었다. 그것에서 벗어나는 데 오랜 세월이 소요되었다. 나 자신뿐만 아니라 사람들의 말과 행동과 표정으로 무의식이 해석되기 시작하면서 감당하지 못할 만큼 힘들고 고통스러운 시간이 찾아온 것이다.

예쁜 것을 예쁘게 보는 것이 아니라 불행한 무의식이 보이고, 멋진 사람을 멋지게 보는 것이 아니라 심리장애의 무의식이 보이고, 웃는 모습 뒤에 울고 있는 무의식이 느껴지고.

TV조차 볼 수 없을 만큼 심각한 상황에 처했었다. 일과 나 자신을 분리할 수 있게 되면서 간신히 벗어났다.

나는 제자들에게 "심리치료를 할 정도만 무의식을 해석하고 과유불급과 계영배의 이치를 생각하기 바란다"라고 말한다.

요즘은 TV에서 방영하는 힐링강사와 연예인, 강연과 전문가, 유명인 등을 즐겨 본다. 그들의 무의식을 해석하는 재미로 TV를 본다. 유명학자와 전문가의 강연을 본다. 안타까운 마음이었지만, 내가 할 수 있는 것이 없으니 그저 보면서 해석하기만 한다. 이는 내가 무의식을 해석하게 되면서 발생하는 고통에서 벗어나는 나만의 힐링법이다.

하나를 갖게 되면, 하나를 잃는 것.

이것을 처절하게 느끼면서 살고 있다.

죽을 때 철들고, 철들면 죽는다는 말이 얼마나 무서운 말인지 매일 느끼면서 살고 있다. 내가 살아 있는 한 지고 가야 할 사명이려니 생각한다.

리비도(Libido)와
타나토스(Thanatos)

삶의 본능과 성본능으로 정신에너지인 리비도(또는 에로스), 죽음에 대한 본능인 타나토스.

리비도와 타나토스는 무의식이 아니라 의식이다. 기억 중에서도 자각되지 않는 기억을 무의식의 근원으로 해석하고, id(이드)의 개념으로부터 다양한 심리이론이 탄생하는 배경이 되었다. 결국은 무의식이 아니라 의식을 근원으로 무의식이라 정의하게 됨으로써 실제 무의식의 진리는 묻힌 채 지난 100년 이상을 진실이 아닌 사실에만 매달린 채 살았던 것이다.

리비도와 타나토스는 허구이다. 인간 개개인의 기억 중에 자각하지 못하는 기억을 분석하는 것에 불과한 개념이다. 즉 무의식이 아닌 것을 무의식으로 알고, 그것이 진실이라 믿고 있기 때문에 지금까지 마음은 수박 겉핥기에 불과했던 것이며, 신체로 검증되는 의학과 생리학은 혁혁한 발전을 이루고 있지만, 심리는 전혀 발전하지 못한 채 제자리걸음이었다.

 무의식을 발견한 후 제일 먼저 충격을 받았던 것이 바로 기존의 무의식이 잘못되어 있다는 것이었다. 원래 처음 연구를 시작했을 때는 기존의 무의식을 더 발전시키고 체계화하고 싶었는데, 체계화를 해 보니 전혀 다른 개념이라는 것을 알게 된 것이다. 무의식의 실체가 없다는 것, 그리고 에너지가 작용한다는 것, 그리고 이 무의식을 움직이도록 하는 성마음이 있다는 것도 발견했다.

 내담자에게 이를 일목요연하게 설명했다. "그럼 지금까지 제가 알고 있었던 것이 잘못된 것인가요?" 내담자가 물었다. 나는 "아닙니다. 극히 일부분만 알고 있었을 뿐, 잘못 알고 있었다고 할 수는 없습니다. 다만, 무의식의 개념이 잘못되어 있었기 때문에 어떠한 심리치료도 할 수 없었던 것입니다. 즉 당신의 잘못이 아닙니다."라고 대답했다.

 리비도와 타나토스는 단순한 의식의 한 부분을 마치 무의식으로 인식하여 만든 용어이다.

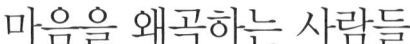

마음을 왜곡하는 사람들

 현실을 보면, 마음을 왜곡하는 사람들이 너무도 많다. 전문가, 학자, 상담사, 그리고 마음과 심리를 연구하는 사람들까지 자신들이 마음을 왜곡하고 있다는 사실을 전혀 인식하지 못한 채 공부하고 지식을 쌓고 자신 나름대로 해석한 후 그것이 전부인 것으로만 생각한다.

 특히 마음과 심리에 대하여 강의하고 상담하는 사람들은 스스로를 돌아봐야만 한다. 자신들이 강의하고 상담하는 대상들에게 힐링이 아니라 킬링을 하고 있다는 것을 알아야 한다. 이로 인하여 분명 좋은 강의와 상담을 하는 것이라고 생각하겠지만, 실제로는 상대를 병들게 하고, 사회문제를 더욱 심화하는 주범이 되고 있다는 것쯤은 생각해야 한다. 반성하고 돌아보길 바란다.

 마음은 생각이고, 심리는 생각을 중심으로 인식, 표현, 기억을 하는 작용이라는 것은 이제 누구나 알고 있다.

심리는 많은 연구를 하였기 때문에 인식, 표현, 기억 등에 대해서는 체계적인 이론으로 발전해 왔다. 그러나 마음인 생각의 작용에 대한 원리를 거의 연구하지 못하고 있다. 마음이 의식과 무의식으로 구성되어 있는데, 이 중에 무의식에 대해서는 전혀 연구한 적이 없기 때문이다.

인간의 마음에서 무의식을 정확히 모르면, 마음은 왜곡될 수밖에 없다. 알지도 못하는 마음을 자신의 생각대로 해석하고 그것이 옳다고 확신하는 것은 심각한 왜곡현상을 일으킨다.

경험과 지식

현대 사회는 경쟁의 자본주의(물질만능)이며, 능력과 지식은 곧 삶의 질과 직접적으로 연결된다. 그래서 사람들은 성공하기 위하여, 돈을 벌기 위하여, 권력과 지위를 위하여 치열하게 살아가고 있다. 따라서 다양하고 많은 경험과 많은 지식(학벌)은 성공을 위한 기초가 된다.

경험과 지식은 모두 기억에 존재하고, 이 기억을 생각으로 자각하여 사회생활에 적용한다. 그래서 경험과 지식은 의식으로 자각하는 것이다. 즉 마음의 극히 일부분인 의식에 의하여 사회생활에 적용하는 것이다.

재벌, 사업가, 전문가, 고위관료, 종교인, 학자, 유명인, 방송인, 인기인. 정신의학자, 심리학자, 심리전문가, 상담사, 기타 테라피스트.

모두가 경험과 지식을 쌓기 위하여 열정적으로 많은 노력을 한 것은 부정할 수 없는 사실이다. 그러나 이는 마음 중에 의식만으로 만든 결과이면서 사회적 가치이다. 대단한 사람들인 것은 맞다.

그러나 보이지 않는 무의식을 정확히 아는 사람은 없다. 무의식을 알고 있다는 사람들도 정작 무의식을 전혀 모른 채, 의식을 무의식이라 주장한다. 최악의 사람들이다.

인간의 무의식은 의식과는 정반대로 작용한다. 의식만으로 성공하여 사회적 가치를 만든 사람들일수록 그 가치만큼 정반대로 무의식은 심각하게 작용하고 있다는 것을 알아야 한다. 결국 마음은 경험과 지식이 많으면 많을수록 심각한 문제가 발생한다.

겉으로 보고 듣고 느껴지는 의식을 보면, 대단하고 존경스럽고 부럽고 닮고 싶어진다. 말도 잘하고, 아는 것도 많고, 능력도 뛰어나고, 돈도 많고, 무엇하나 부러울 것 없이 멋진 모습으로 살고 있다.

그러나 보이지 않는 무의식을 보면, 심리문제 또는 심리장애로 인하여 마음은 매우 황폐해져 있다. 보이는 것이 전부가 아니다. 보이지 않는 훨씬 많은 것이 붕괴되어 있다.

의식이 많이 작용할수록 무의식도 이를 바로 잡기 위하여 많이 작용하게 되고, 다시 의식은 이 무의식의 작용을 억압하기 위하여 의식이 더욱 강화되는 등의 반복으로 인하여 심각한 심리의 불균형이 형성되면서 마음이 황폐해질 수밖에 없는 것이다. 즉 안정과 행복은 절대 느낄 수 없고, 오롯이 즐거움과 쾌락만이 살길이 된다. 참으로 불쌍한 인생을 살면서도, 그것이 마치 행복인 것으로 착각한다. 소금물을 계속 마시면서도 맑고 깨끗한 물이라고 주장하는 다른 중독자들과 다를 바가 없다.

따라서 이렇게 경험과 지식에 의하여 의식이 강화된 사람들의 경우에는 반드시 무의식을 조절할 수 있도록 해야만 한다. 의식의 정반대로 작용하는 무의식은 의식으로 억누르는 것은 최악의 마음을 만드는 것일 뿐이다.

무의식을 조절하지 않으면, 반드시 강력한 무의식의 작용으로 인하여 의식이 모두 파괴되거나, 매우 불행한 삶의 결과를 마주하게 된다. 이때는 세상에서 가장 강력한 고통과 슬픔을 갖게 되면서 비참한 자신을 보게 된다. 넓고 크고 화려한 곳에서 그런 최악이 만들어진다.

다양한 힐링, 테라피, 명상, 초월명상, 최면, 심리상담… 백

번이고 천 번이고 해 보라. 이는 기분전환일 뿐이지 무의식은 조절되지 않는다. 따라서 무의식을 조절할 수 없기 때문에 계속 반복된다. 시간이 갈수록 점점 주기는 짧아지고 그때마다 임시방편으로 기분전환을 더욱 강하게 해야 한다. 즉 심리치료의 과정에 중독되는 것이다. 이럴 경우에는 즉시 무의식을 조절하여 치료를 한 후 예방하는 방법을 알아야 한다.

아직은 그 정도가 아니라면, 무의식을 조절하는 방법을 배워서 자신의 마음이 황폐해지는 것을 예방하는 것이 가장 현명한 방법이다.

자신 스스로가 무의식을 조절할 수 있게 되면, 지금까지 쌓아온 경험과 지식에 의한 소중한 가치는 더욱더 빛나고, 무의식은 행복으로 작용하면서 자신의 행복뿐만 아니라 많은 다른 사람들의 존경을 받게 된다. 진정한 노블레스가 되는 것이다.

남자와 여자의 사랑

여자는 현재의 사랑을 필요로 하고, 남자는 미래의 사랑을 꿈꾼다.

그래서 여자는 사랑을 직접 느껴야 하고, 남자는 사랑한다고 착각해야 한다.

여자는 현실에서 남자에게 받는 사랑을 느낌으로 사랑의 감정을 만들고, 남자는 여자가 자신을 사랑한다는 것을 확신하고 난 후에 비로소 사랑을 만들기 시작한다.

여자는 의식(생각과 기억)의 사랑을 하지만, 남자는 무의식의 사랑을 한다.

그래서 여자는 모성애를 갖게 되지만, 남자는 무의식적인 보호와 책임을 갖는다.

여자는 남자의 헌신, 이해와 배려, 그리고 열정을 느낄 때 사랑하게 되고, 남자는 여자가 반응하면서 즐거워하고 행복해하는 것을 보면서 사랑한다고 착각한다.

여자가 사랑한다는 말은 현실이지만, 남자가 사랑한다는 말은 '앞으로 사랑하고 싶다'는 미래이다.

여자는 남자도 자신과 같은 사랑일 것이라 확신하고,
남자는 여자도 자신과 같은 사랑일 것이라 확신한다.

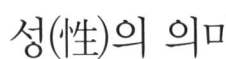

성(性)의 의미

　말도 많고, 탈도 많고, 그러면서 끊임없는 욕구로 작용하는 성(性).

　성(性)이 난무하는 이 세상에 대해서는 왈가왈부하고 싶지 않다. 그냥 누구나 다 알고 있는 말을 몇 자 적어 본다.

　성(性)은 생물학적, 철학적으로 여러 가지 의미를 담고 있는 말이다. 그러나 우리는 성(性)을 마치 섹스(Sex)인 성행동으로 인식하고 있기 때문에 매우 부정적인 느낌을 갖도록 만든다.

　성(性)이라는 글자를 해석해 보면 '마음(心)'을 '만든다(生)'는 뜻을 갖고 있다. 그래서 태어날 때, 성(性)은 남자와 여자인 생물학적으로 분류하는데 이는 남자와 마음, 여자의 마음으로 태어났다는 것을 말한다.

　성행동인 섹스(Sex)의 성(性)은 기분(일시적 쾌락과 즐거움)을 의미하는 말인데, 이는 성적관계인 성(性)으로서 사랑과 행복의 감정이 만들어진다. 그래서 성(性)은 단순하게 성행동(Sex)만 알아서는 안 되고, 성마음과 성심리를 알아야만 한다. 함께 작용하기 때문이다.

본성(本性)은 '근본의 본(本)', '마음 심(心)', '날 생(生)'이 결합된 단어로서 '마음이 만들어진 근본'을 의미한다.

이와 같이 성(性)은 다양한 분야에서 '마음이 만들어진다'는 의미를 갖는다. 기타 다양한 단어에 성(性)을 붙이게 되면, 단어의 의미에 대하여 '마음이 만들어진다'는 의미로 해석할 수 있다. 따라서 성(性)이라는 단어가 우리 인간의 마음을 만든다는 중요한 의미를 갖는 말이다.

남자와 여자의 性

 여자는 남자를 사랑해야 사랑하는 남자와 성관계를 원한다. 그래서 오롯이 남자와의 사랑을 최우선으로 생각한다. 이때 성관계는 사랑하는 남자와만 즐겁고 행복하다. 여자는 사랑하는 남자가 바뀌게 되면, 바뀐 남자와 성관계를 원한다. 사랑하는 남자 이외는 어떤 남자와도 성관계를 원하지 않는다.

 반면 남자는 성관계의 즐거움이 지속되어야 사랑하게 된다. 그래서 오롯이 성관계의 즐거움을 최우선으로 생각한다. 이때 성관계는 아무 여자든 상관없다. 그러나 사랑은 오롯이 한 여자에게만 생긴다. 그래서 사랑하는 여자가 생기면, 죽는 날까지 사랑하는 여자는 오롯이 그 여자뿐이다. 사랑하는 여자와의 성관계의 즐거움은 중요하지 않다.

 사랑하는 여자 외의 여자들은 성관계의 즐거움만 추구한다. 아무리 즐거운 성관계라도 사랑은 생기지 않는다.

섹스는 나쁜가?

 섹스를 금기시한 때가 있었다. 그리고 아무리 개방사회라 할지라도 섹스를 쉽게 이야기할 수 있는 것도 아니다. 이처럼 섹스는 여러 가지 면에서 금기시하는 부분이 많다. 특히 인터넷과 스마트폰의 비약적인 발전은 섹스를 공공연화 시키는 역할을 하고 있기 때문에 정부, 운영 주체 등에서는 문제를 예방하기 위하여 섹스에 대한 통제를 강화하고 있는 것도 사실이다.

 마음을 살펴보면, 섹스가 나쁜 것이 아니고, 섹스 자체가 문제인 것이 아니다. 섹스를 제대로 알지 못한 상황에서 섹스로 인하여 발생하는 마음의 문제, 인간관계의 문제, 사회의 문제, 범죄적 문제, 법적 문제, 도덕적 문제, 윤리적 문제, 사회질서의 문제… 등이 발생하기 때문에 심각한 문제인 것이다.

 그래서 이렇게 섹스로 발생하는 문제를 예방하기 위하여 섹스 자체를 억압하고, 통제하고, 금지하도록 하는 노력을 지금도 지속하고 있다.

그래서 섹스 그 자체를 부정적으로 인식하게 되면서 마음에 심각한 문제가 발생하기도 한다. 섹스 자체를 통제하기만 하는 것은 마음에 문제가 발생하고, 섹스에 대하여 알지 못한 채 섹스를 개방하면 더 큰 문제들이 발생한다.

즉 섹스는 양날의 칼과 같아서 이러지도 저러지도 못한 채 사회추세에 맞추어서 변화할 수밖에 없는 것이다.

우리는 섹스 그 자체를 나쁘게 생각하면 안 된다. 그러면 마음에 문제가 발생하고, 행복하게 살아가는 데 많은 어려움이 생기고, 인간관계와 사랑과 행복에 치명적인 영향을 주게 된다.

그렇다면 우리는 섹스를 어떻게 해석해야 하는가? 섹스가 무엇인지, 섹스가 각 개인의 생각과 기억에서 어떻게 작용하는지, 섹스로 인하여 마음이 어떻게 작용하는지, 섹스로 인하여 발생하는 현상들에 대하여 이해할 수 있도록 알아야 한다.

그러면 섹스가 결코 나쁜 것이 아니고, 인간의 사랑과 행복에 얼마나 중요한 것인지, 개인의 행복권리라는 것도 알게 된다. 다만, 지금 현재까지는 이를 체계적으로 설명을 해 주지 못하고 있어서 문제가 되고 있지만, 인간의 마음이 작용하는 원리와 이치를 알고 이를 해석하면, 지금까지의 모든 문제를 해결할 수 있다.

섹스의 회피와 금지

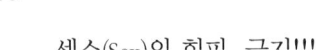

섹스(Sex)의 회피, 금지!!!!
여러분의 의식은 섹스를 회피 또는 금지로 자각하고 있지 않은가?

일이 바빠서, 시간이 없어서, 피곤해서, 힘들어서, 재미없어서, 사랑하지도 않는데 웬 섹스(Sex)? 미친 거 아냐?, 섹스(Sex) 이야기를 하면, '분명 나를 이상한 사람으로 생각할 거야', 수치스럽고, 창피하고, 음란하고, 쑥스럽고, 어색하고… 이외 다양한 이유로 인하여 섹스(Sex)를 회피하고 금지하라고 의식이 자각한다.

이렇게 자각하는 원인은 모두 자신의 강박과 억압으로 인하여 의식이 자각하는 것이다. 즉 성(Sex)의 정보에 대한 인식으로 무의식이 작용하면, 의식에서 경험의 기억과 생각에 의하여 섹스에 대한 강박과 억압을 갖고 있게 되면, 즉시 섹스금지로 자각되어 느끼게 된다. 즉 자신의 마음이 작용하는 것일 뿐, 다른 어떠한 것에 의해 영향을 받는 것이 아니다.

 만일 자신 또는 상대의 의식이 '섹스를 회피하고 금지'라고 자각하고 있다면, 자기 경험의 기억과 생각에 의하여 형성된 섹스에 대한 강박과 억압이 무엇인지 살펴보아야 한다. 무엇인지는 모르더라도 분명 자신의 강박과 억압으로 인하여 무의식이 계속 작용하게 되고, 의식은 이를 '섹스를 회피하고 금지'라고 자각한다.

 이러한 경우에는 무의식 작용을 변화시켜 주면, 의식에서는 '섹스금지'가 아니라 다르게 표현함으로써 섹스에 대한 강박과 억압이 사라지게 된다. 즉 심리치료가 되는 것이다.

불경과 성경

성경은 인간관계의 희로애락과 흥망성쇠의 진리이고, 불경은 인간마음의 희로애락과 자아성찰의 진리이다. 결국 성경과 불경은 인간의 진리이다.

그런데, 왜 이 진리를 자신의 생각으로 해석할까?

미사여구로 포장하면 진리는 가려진다.
미사여구가 진리인 것처럼 왜곡되고 착각되는 현상이 발생한다. 그러면 사회(인간관계)는 타락하고 병든다. 문명은 발전하는 듯이 보이지만 결국은 멸망의 길을 걷게 된다.

인간관계와 인간마음은 삶이고 인생이고 행복이다.
그래서 불경 또는 성경을 자의적으로 해석하지 말아야 진리를 볼 수 있다.

내가 무의식을 해석할 수 있는 마음이론과 성마음이론을 체계화할 수 있었던 것은 모두 불경과 성경의 진리를 단순하게 심리로 해석한 것뿐이다. 따라서 나는 심리이론을 개발한 것이 아니라 발견한 것이라고 말한다.

나는 종교가 없다. 그러나 나는 신의 존재를 믿는다.
인간의 마음의 근원과 무의식을 알고 보이면 신이 존재를 믿지 않을 수 없게 된다.

진리는 영원하고 불변하다.
진리는 단순하고 간명하다.

진리는 사람에 따라서 상황, 환경, 여건 등에 따라서 다르게 적용되고 해석된다.

운명과 마음

사람들은 '운명'에 대한 말을 많이 한다. 운명은 이미 각자 정해진 대로 거역할 수 없는 힘에 의하여 살아가는 것이라고 말한다. 그래서 사람들은 자신의 운명이 어떤지 알고 싶어 하는 것이고, 바꿀 수 있다면 바꾸고 싶어 한다.

나는 역술인 또는 무속인을 만나면, 우선적으로 운명에 대한 개념을 어떻게 갖고 있는지 분석한다. 그러면 사이비인지 아닌지를 구분할 수 있는 확실한 나만의 방법이기 때문이다. 운명과 운세의 차이점을 먼저 해석하는 것을 보면 알 수 있다.

운명은 정해져서 바꿀 수 없다. 태어나서 죽을 때까지 변하지 않는 자연섭리이다. 남자는 남자로 태어나서 남자로 죽는 것이 남자의 운명이고, '건명(乾命)'이라 한다. 여자는 여자로 태어나서 여자로 죽는 것이 여자의 운명이다. '곤명(坤命)'이라 한다. 이는 태어날 때 정해진 것으로 바꿀 수 없다. 그래서 운명을 거스르면 인간의 삶은 불행해지면서 힘들고 고통스러운 인생을 살게 된다.

또한, 운세는 운명을 보조하는 역할로서 흥망성쇠와 희로애락에 대한 에너지이다. 따라서 운명을 논하지 말고, 운세를 조절하는 능력을 갖는 것이 핵심이다. 이를 모르고 있는 역술인 또는 무속인이라면 사이비라고 나는 확신한다.

이를 인간의 마음으로 해석해 볼 때, 마치 인간의 의식과 무의식을 말하는 것 같다. 남자는 남자의 무의식으로 살고, 여자는 여자의 무의식으로 산다. 이 무의식의 작용은 인간이 바꿀 수 없다.

무의식의 작용을 의식이 통제하면 인간은 심리문제 또는 심리장애가 발생한다. 또한, 의식은 무의식의 작용에 의하여 인간의 행복을 보조하고 희로애락에 대한 에너지가 결정된다.

따라서 무의식을 모르는 심리학자, 정신의학자, 상담사, 마음을 다루는 사람 등은 사이비라 할 수 있다.

인간의 무의식을 해석하다 보니 인간의 흥망성쇠와 희로애락을 분석할 수 있게 되었고, 인간의 말과 행동과 표정으로 마음을 해석할 수 있게 되었다.

결국 운명철학, 역술, 무속 등이 모두 인간의 마음과 직접적으로 연결되어 있다는 것을 알았다. 따라서 어느 것이 맞다 틀리다는 논하면 안 된다. 중요한 것은 핵심을 정확히 알고 이를 인간의 행복에 맞도록 활용하고 능력을 갖도록 하는 것이다.

또한 정확한 핵심을 알지 못하면서 역술과 심리를 맹신하는 것은 불행한 삶을 자초할 뿐이다. 운명을 거스르는 것이고, 무의식을 통제하는 것이기 때문이다.

마음의 에너지

사람들은 지금까지 마음의 감정(에너지의 작용으로 느껴지는 몸과 의식)이 외부에서 유입되는 것으로 알고 있다. 그래서 외부의 다양한 감정이 자신의 마음으로 전이되어 느끼는 것이라고 생각한다.

그러나 인간의 마음에서 작용하는 에너지(기분과 감정)는 외부에서 유입되지 않고, 오롯이 각 개인의 마음에서 생성되고 작용한다. 자신의 마음이 희로애락을 느끼는 것은 자신의 마음에서 에너지가 작용하기 때문이고, 외부에서 유입된 정보와 결합하면서 마치 외부에서 희로애락의 감정이 유입되는 것처럼 착각하는 것이다.

이와 같은 마음의 에너지는 두 가지로 구분된다. 에너지가 생성되어 일시적으로 작용한 후 소멸되는 기분에너지와 에너지가 생성되어 지속적으로 작용하면서 조금씩 소모되는 감정에너지이다.

기분에너지는 재미와 즐거움을 느끼도록 하여 마음에서 열정이 생성되도록 하고, 감정에너지는 좋은 감정을 지속적으로 느끼도록 하여 마음에서 사랑이 생성되도록 한다. 그래서 기분에너지는 마음의 외부로 작용할 때 사용되면서 의식(경험의 기억과 생각)에서 작용하고, 감정에너지는 마음의 내부로 작용할 때 사용되면서 무의식(의식을 작용하도록 하는 에너지)에서 작용된다. 따라서 인간의 마음은 일시적으로 생겼다가 느낀 후에 사라질 수 있고, 지속적으로 느껴지면서 점점 사라질 수 있다.

이렇게 마음이 생성되고, 작용하고, 소멸되는 모든 작용은 인간의 마음에서 작용하는 에너지에 근거하기 때문에 마음의 에너지가 인간의 마음에서만 생성되고 작용하고 소멸되는 원리와 이치를 깨닫지 못하면 영원히 인간의 마음을 알 수 없을 것이다.

보고 듣고 느껴지는 것이 인간의 마음이 아니다. 이는 일시적인 것으로서 전체 마음 중에서 극히 제한적이고 작은 것이다. 따라서 보고 느껴지도록 작용하는 마음의 에너지보다는 보이지 않고 오래도록 작용하는 마음의 에너지를 알아야만 한다.

마음의 상처와 행복

상처는 마음을 아프게 하고 슬프게 하며 힘들게 한다. 그래서 여성은 마음의 상처로 답답하고 힘들게 살고 있지만, 이를 견딜 힘도 갖고 있다. 이때 마음의 상처, 상처를 견디는 힘, 마음의 상처를 치료한 후의 행복한 감정 등은 모두 감정에너지가 작용하기 때문이다.

즉 감정에너지가 의식의 부정적인 기억에 작용하면 마음의 상처로 힘들고 고통스러워지는 것이고, 의식의 부정적인 기억이 작용하지만 감정에너지가 작용하면서 치료를 하려고 할 때는 마음의 상처를 견디는 힘으로 작용한다. 또한 의식의 부정적인 기억이 작용하더라도 긍정의 강력한 감정에너지가 작용하면 의식의 부정적인 기억을 치료하여 의식이 기억을 자각하더라도 더 이상 부정적으로 작용하지 않는다.

이때 마음의 상처가 의식으로 자각되지 않으면 아픔, 슬픔, 고통을 알지 못하고, 치료를 할 수 없게 되며, 치료 후에 만들어지는 감정에너지의 작용에 의한 행복이 무엇인지 알 수 없게 된다. 그래서 어려움을 겪지 않으면 편안함과 행복함을 알 수 없다.

　남자는 기분에너지에 의하여 부정기분은 강한 스트레스로 작용하기 때문에 즉시 제거한다. 그래서 남자는 감정에너지가 불필요하기 때문에 감정에너지를 생성하는 능력이 없는 것이다. 또한 여자의 감정에너지는 기분에너지를 지속하는 원천이기 때문에 남자는 여자의 감정에너지를 통하여 지속적인 기분에너지를 갖고자 한다.

　여자에게 상처는 감정에너지의 행복을 만드는 원천이다. 그래서 여자는 아프고, 슬프고, 어려움을 느끼는 의식의 자각에서 벗어나면 편안함을 느낀다. 그러나 편안함에 안주하지 말고 아프고 슬프고 힘들었던 때를 생각하여 행복을 만들어야 한다. 그러면 상처로 힘들어하는 때가 행복을 가질 수 있는 기회가 된다.

　여자는 감정에너지를 만드는 능력을 갖고 있기 때문에 상처의 아픔과 고통에서 벗어나고 피하려는 것보다는 감정에너지를 만들어서 상처의 아픔과 고통을 행복으로 전환할 수 있도록 치료하면 행복을 갖게 된다.

그렇다고 여성이 상처를 받으려고 할 필요는 없지만, 발생한 상처를 회피(편안함, 즐거움으로 해결하려는 것)하려고 하지 말아야 한다. 여성에게는 감정에너지는 만드는 능력이 있고, 여성의 상처는 감정에너지로 치료하면서 행복을 느끼도록 하는 원천이기 때문에 상처를 거부하거나 회피한다는 것은 여성 자신이 행복을 거부하는 것과 같다. 여성이 상처를 회피하게 되면 행복한 인생을 살 수 없도록 만드는 치명적인 마음에 문제가 발생한다.

여성의 마음에너지인 감정에너지는 왜곡되고 부정적으로 사용되는 감정에너지가 아니라 자신 스스로가 만든 순수하고 강력한 감정에너지이기 때문에 마음의 상처를 치료하고도 기분에너지를 지속적으로 생성할 수 있게 된다. 이렇게 강력한 감정에너지를 가진 여성은 성공하는 것도 어렵지 않고, 상처치유를 하는 것도 어렵지 않으며, 사랑과 행복을 갖는 것도 어렵지 않다.

여성의 마음에너지는 단순하게 성(性)에 제한된 성적 에너지가 아니라 일상의 모든 것에 기분에너지를 지속적으로 유발하는 감정에너지이다.

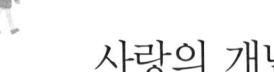

사랑의 개념

　사랑이라는 용어는 사전적 의미로 볼 때, '어떤 상대를 애틋하게 그리워하고 열렬히 좋아하는 마음'이라고 했다. 그래서 사랑은 마음에서 느끼는 감정이다. 이 사랑에 대해서는 많은 사람들이 이미 오래전부터 연구를 많이 했고, 다양한 개념이 존재하고 있다.

　인간의 사랑은 3가지의 관점에서 분류할 수 있다. 첫 번째가 에로스(Eros) 사랑이다. 에로스 사랑은 육체적 접촉을 통하여 좋은 기분을 느끼고, 이 좋은 기분을 좋은 감정으로 인식하면서 사랑의 감정을 만드는 원천으로 작용할 때 형성되는 사랑이다. 이는 몸의 느낌이 마음으로 전달되어 감정으로 느껴질 때 만들어지는 것이다. 즉 신체의 매개체가 필요한 것이다. 따라서 신체의 접촉에서 좋은 기분과 느낌을 만드는 것이 성(Sex)이기 때문에 에로스 사랑을 성적 사랑이라고 하는 것이다.

　그래서 남자는 성(Sex)을 좋은 기분을 만들고 열정을 생성하기 때문에 중요하게 인식하는 반면, 여성은 성(Sex)을 쾌락을 위하여 신체적으로만 이용한다고 인식하기 때문에 부담감 또는 거부감을 갖는다. 즉 남자는 성(Sex)을 좋은 감정으로 만든다고 생각하고, 여자는 신체의 즐거움으로만 생각하는 것이다.

그러나 문제는 성(Sex)을 최고의 행복이라고 인식하는 경우이다. 남자 또는 여자가 성(Sex)을 추구하게 되면 좋은 기분이 좋은 감정을 만들기 때문에 사랑의 에너지가 생기는 것처럼 인식하게 되면서 성(Sex)의 즐거움으로 집중하여 빠져드는 것이다. 이는 성(Sex)의 병증이라 할 수 있는 심리장애이다. 또한 성(Sex)을 사랑이라고 생각하지 않는 경우이다.

남자 또는 여자가 성(Sex)에 대하여 부정감정, 나쁜 행동, 좋지 않은 행위로 인식하면서 성(Sex)을 기피하고 회피하면서 성(Sex)에 대한 혐오감 또는 상처를 갖는 것이다. 이는 성(Sex)의 병증이라 할 수 있는 심리장애이다.

이처럼 성(Sex)을 최고의 행복이고 최고의 사랑이라 생각하는 경우, 성(Sex)을 사랑이 절대 아니라고 하는 경우도 모두 심리장애라고 할 수 있다. 에로스 사랑은 플라토닉 사랑과 아가페 사랑을 만드는 주요한 매개체이다. 그러나 에로스 사랑만을 추구하는 것은 심리장애라고 할 수 있다.

  두 번째는 플라토닉(platonic) 사랑이다. 위키백과사전을 보면 플라토닉 사랑을 '순수하고 강한 형태의 비성적(非性的)인 사랑'을 말한다. 플라토닉 사랑이라는 용어의 의미는 플라토의 '대화'〈향연〉편에서 기원한다. 그것은 사랑의 감정이 어떻게 시작될 수 있는지, 그리고 성적, 비성적 사랑 양쪽 모두 어떻게 관련되는지 설명하고 있다. 특히 무녀 '디오티마'에게서 영감을 얻은 소크라테스의 발언이 중시되고 있다. 그는 사랑은 지혜(知慧)에 이르는 수단이라고 말한다. 디오티마, 플라토에 따르면 "다른 사람을 사랑하는 올바른 방법은 지혜를 사랑하는 마음처럼 사랑하는 것이다. 즉 아름답고 사랑스러운 진정한 플라토닉 사랑이란 마음과 영혼을 고무시키고 정신적인 것에 집중하는 것이다."라고 했다. 이와 같이 플라토닉 사랑은 정신적 사랑을 의미한다. 즉 신체를 매개체로 하는 에로스 사랑과는 다르게 정신적으로 사랑하는 마음을 중요하게 인식하는 것이다.

  그래서 여자는 정신적인 사랑에 의하여 상처가 치료되고 사랑의 에너지를 만들 수 있기 때문에 플라토닉 사랑을 진정한 사랑으로 인식하는 반면, 남자는 열정이 생기지 않기 때문에 플라토닉 사랑보다는 에로스 사랑을 중요하게 인식한다.

여자가 플라토닉 사랑만 추구하는 경우에는 그만큼 성(Sex)에 대한 억압과 강박(상처)이 있다는 뜻이다. 이러한 억압과 강박은 남자로부터의 사랑을 차단하게 되면서 이성에 대한 사랑을 받기 어려워지고, 그럴수록 더욱 정신적 사랑을 갈망하게 되면서 심리적 어려움을 많이 겪게 되면서 심리장애가 발생한다. 또한 남자가 플라토닉 사랑만 추구하는 경우에는 성(Sex)에 대한 인식과 의식이 매우 왜곡됨으로써 열정을 차단한 채 살고 있다는 뜻이다. 이렇게 열정이 없는 경우는 여자에게 사랑을 줄 수 없고, 오히려 여자를 심리적으로 억압하려는 경향이 강해지면서 심리장애가 발생한다.

이처럼 남자 또는 여자가 플라토닉 사랑이 최고의 사랑이고 행복이라고 추구하는 경우에는 모두 심리장애라고 할 수 있다. 플라토닉 사랑은 여자에게는 에로스 사랑을 만드는 원천이 되고, 남자에게는 에로스 사랑의 결과로서 작용한다. 따라서 플라토닉 사랑으로 치우쳐지는 것을 경계해야만 한다.

세 번째는 아가페(Agape) 사랑이다. 아가페 사랑을 국어사전에서는 '신의 인간에 대한 사랑'이라고 하였고, 종교적으로는 '절대적 사랑'이라고 하며, 일반적으로는 '조건이 없는 사랑'이라고 했다. 이를 종합해 보면 아가페 사랑은 '조건이나 제한이 없고,

상대에게 주는 절대적인 사랑'이라 할 수 있다.

　인간에게 존재하는 아가페 사랑은 부모와 자식 간의 사랑이 대표적이다. 그러나 새로운 심리이론을 개발한 후 남자와 여자에게 아가페 사랑이 있다는 것을 알았다.

　여자의 아가페 사랑은 '모성애'이다. 엄마로서 자식에게 주는 일방적이고 조건, 제한, 목적 등이 없는 사랑을 모성애라고 하는데, 이 모성애가 꼭 자식에게만 주는 것이 아니다. 아내가 남편에게 주는 사랑도 아가페 사랑이다. 남편에게 무조건적으로 주는 사랑이다. 이러한 사랑은 여자의 마음을 풍요롭고 행복하게 만드는 원천이 된다. 이에 따라서 모성애는 여자의 사랑을 희생하면서 형성되는 위대한 사랑이다.

　여자의 아가페 사랑은 그냥 만들어지는 것이 아니다. 반드시 플라토닉 사랑을 기초로 하여 진정한 사랑의 감정을 갖게 된 후, 에로스 사랑을 통하여 사랑의 확인과 행복의 감정을 갖게 될 때 자식에 대한 임신과 출산을 하게 되고, 남편과 자식에 대한 모성애가 형성된다. 즉 여자의 아가페 사랑은 플라토닉 사랑 후 에로스 사랑이 결합되면서 만들어진다.

남자의 아가페 사랑은 '무한책임'이다. 이는 가족(아내와 자식)에게 주는 일방적이고 조건, 제한, 목적이 없는 무의식에 형성되는 사랑이다. 이러한 사랑은 남자의 마음을 편안하고 여유롭게 만드는 원천이 된다. 그래서 무한책임은 남자의 열정을 희생하면서 형성되는 위대한 사랑이다.

남자의 아가페 사랑도 그냥 만들어지는 것이 아니다. 반드시 에로스 사랑을 기초로 하여 즐거움과 재미의 열정에 빠진 후, 플라토닉 사랑을 통하여 편안함을 갖게 될 때, 아내와 자식에 대한 무한책임이 형성된다. 즉 남자의 아가페 사랑은 에로스 사랑 후 플라토닉 사랑이 결합되면서 만들어진다.

이와 같이 에로스 사랑, 플라토닉 사랑, 아가페 사랑을 살펴보면서 결국 세 개의 사랑은 인간의 사랑에 없어서는 안 되는 중요한 역할을 한다. 다만 남자와 여자의 사랑에서 우선순위가 서로 다르게 인식될 뿐이다. 이를 알지 못하기 때문에 남자와 여자가 서로 사랑의 문제로 어려움을 겪게 되고, 갈등, 상처, 고통을 겪는 것이다.

기분과 감정

기분은 일시적으로 느끼는 감각기관의 자극이기 때문에 인식과 연결된다.

감정은 지속적으로 느끼는 마음의 작용이기 때문에 기억과 연결된다.

기분과 감정을 같은 것으로 생각하는 사람들은 마음의 개념을 모르는 것이다.

그러면 현재 많은 사람들이 이야기하는 감정코칭은 가능한가?

감정코칭의 말과 내용은 그럴듯하지만, 기분전환을 위한 것이다. 마음이 작용하는 원리를 모른 채 감정을 논하는 것은 그 자체가 난센스이다.

마음을 알면 행복해진다

마음이 작용하는 원리와 이치를 정확히 알면 상처가 치료되면서 행복해진다.

스트레스와 상처의 원인은 마음을 정확히 몰라서 발생하는 것.

쉽고 간단한 원리이다.

마음을 정확히 알지 못하면서 스트레스와 상처가 많아진다.

지식이 많아질수록, 인간관계가 많아질수록 스트레스와 상처는 더욱 커진다.

마음이 작용하는 원리와 이치를 모르니 스트레스와 상처가 치료되지 못한 채 마음은 점점 병들어 간다.

오해는 오해를 낳는 법

이해의 반대말은 오해이다.

이해는 행복을 주지만, 오해는 오해를 낳으면서 전혀 다른 생각으로 확신하고 관계가 끝난다.

내가 생각하고 확신한 것이 정말 맞을까?

만일 아니라면 생각과 확신의 결과는 참으로 슬플 것이다.

내가 생각한 것이 이해인지 오해인지 한 번쯤 생각해 보자.

현실의 사회

확인하고 검증한 후 결정하는 사회.

확인도 검증도 없이 인맥과 학력으로 결정하는 사회.

화려하고 유명한 것만 따라서 결정하는 사회.

우리의 현실은 어떤지 생각해 보면 좋겠다.

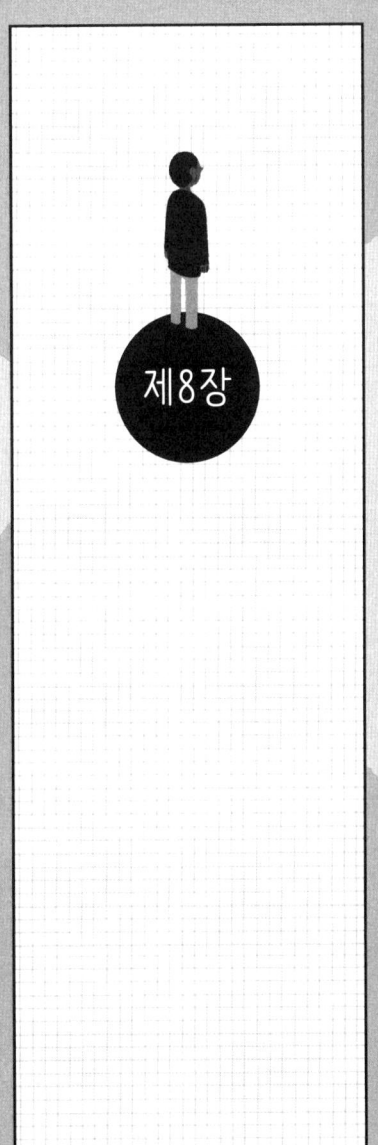

제8장

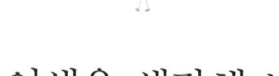

인생을 생각해 보자

인생(Life, 人生)은 사람이 태어나서 살아가는 일련의 모든 과정을 말한다. 그래서 인간은 인생을 매우 중요하게 생각하지만 평상시에는 자신의 인생을 생각하는 경우가 드물다. 자신의 소중한 인생을 깊이 생각하지 않은 채 살아가기 때문에 불확실한 인생을 살아가게 되는 것이다.

사람마다 인생은 똑같은 경우가 없다. 그래서 인생은 자기 자신만의 삶이고 과정이다. 다른 누구와도 전혀 다르기 때문에 오로지 자신만이 만들어가는 것이고 생애의 과정이다. 이토록 중요한 인생에 대하여 우리는 너무 방치를 한 채 살고 있는 것은 아닌지 생각해 보고 싶다.

먼저 과거의 인생을 돌아보아야 한다.

여러분은 편안한 인생, 즐거운 인생, 행복한 인생 중에 어떤 인생을 살았는가? 눈을 감고 지난 인생을 돌이켜 생각해 보자.

희로애락의 감정을 갖게 되고, 잘잘못을 생각하게 되고, 상처와 행복이 교차될 수 있는 과거일 수도 있지만 그냥 자신의 인생을 객관적으로 생각해 보길 바란다.

여러분 자신이 진정으로 살아온 인생은 어떤 인생이었는가? 모든 것을 멈추고 잠시 명상하듯이 생각해 보자.

생각해 보았다면 여러분은 미래에 어떤 인생을 살고 싶은지 선택해 보자. 여러분은 미래의 인생에 대하여 편안한 인생, 즐거운 인생, 행복한 인생 중에 하나만 선택하라고 하면 무엇을 선택할 것인가?

편안한 인생을 추구하면 즐거운 인생과 행복한 인생을 살 수 없고, 즐거운 인생을 추구하면 편안한 인생과 행복한 인생을 살 수 없으며, 행복한 인생을 추구하면 편안한 인생과 즐거운 인생을 살 수 없지만 행복한 인생을 살 수 있다.

이제 여러분은 생각하고 판단하여 결정해 보자. 어떤 인생을 선택할 것인가?

부정감정의 습관

부정감정의 습관이 작용하면 비판적인 시각을 갖게 된다. 다만, 비판적인 것이 좋다 나쁘다고 말하는 것이 아니다.

감정이 부정적이라면 인간관계에 문제가 발생하고, 의견이 부정적이라면 좀 더 생각하고 깊이를 논하게 된다. 무의식은 감정의 습관이 작용하는 패턴을 말하는데, 인간은 누구든 습관에 의하여 인성과 성격이 결정된다.

사람들과 소통하는 방법에 대한 질문을 많이 받는다. 소통을 하고 있지만, 자기만의 생각에 빠져있는 소통이라는 착각은 아닌지 생각해야 한다. 소통의 기초는 대화이다. 대화는 의견과 감정의 교환인데, 의견과 감정을 분리할 줄 모른다면 대화를 할 수 없고, 소통은 되지 않는다. 부정감정의 습관은 결국 대화에서 부정감정으로 표현되면서 심리문제를 유발한다.

부정감정은 상처의 근본이면서 자신의 심리문제를 점검하는 척도이다. 대부분의 사람은 자신이 부정감정의 습관이 작용하는지 모른다. 그래서 모든 원인을 상대의 탓으로 돌린다. 자신의 부정감정의 습관은 자각하거나 기억하지 못하지만, 상대의 습관인 표현은 자각할 수 있기 때문이다. 상대에 대한 부정감정은 상대가 만든 것보다는 자신의 생각이 왜곡되었을 확률이 매우 높다.

그래서 감정싸움을 하거나, 상대를 탓하거나, 상처가 발생한다. 자신의 부정감정을 표현하기 바쁜 것이다. 상대가 좋은 말이든, 나쁜 말이든 어떤 말과 행동이든 관계없이 부정감정이 작용하고 있다면 그것은 자신의 문제임을 알아야 한다.

부정감정이 표현된다면 자신의 심리문제를 점검해 봐야 한다. 상대를 탓하기 전에 우선적으로 자신의 심리문제로 인하여 발생할 수 있기 때문이다. 인간이라면 누구나 심리작용의 오류, 심리인식의 오류, 심리표현의 오류를 갖고 있으니 상대에 대한 오해는 당연한 것이다.

하늘과 땅 중 어떤 것이 우선인가?

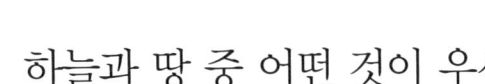

역학에서 보면 하늘과 땅(양과 음)을 많이 이야기한다. 그래서 하늘은 남자로 땅은 여자로 해석하고, 주역에서는 하늘을 건이라 하고 땅을 곤이라 하는데 하늘과 땅, 남자와 여자 중 우선은 무엇인가?

마음의 관점에서 볼 때는 땅인 여자가 먼저라고 볼 수 있다. 땅이 없으면 하늘이 없기 때문이다. 땅이 없어도 하늘이 있는 것처럼 보이지만, 실제는 공(空)일 뿐이다.

땅은 하늘이 없어도 존재하지만, 하늘은 땅이 없으면 존재할 수 없는 것이다. 주역에서도 건위천을 64쾌 중 1번으로 하여 쾌의 변화를 통하여 64번인 곤위지까지 해석을 하고 있지만, 이는 이치를 잘못 깨친 사람들이 만든 것이지.

역으로 곤위지로부터 건위천까지의 변화를 해석하면 주역도 어렵지 않다. 아직까지 이를 제대로 해석한 역술인을 본 적이 없는데, 분명 누군가는 찾고 있을 것이다.

　그래서 심리관점에서는 여자의 심리가 없으면 남자의 심리는 그냥 공(空)으로서 비어 있는 것에 불과한 것이다. 그만큼 감정의 핵심인 심리는 여자의 심리를 알지 못하면 심리학자라고 해도 인간심리는 모른다고 보면 된다.

　그래서 심리상담은 잘 할지는 모르지만, 실제 심리치료는 불가능한 것이다. 상담을 위한 상담 때문에 사람들이 시간이 지날수록 상담을 하지 않으려 하는 것임을 모르는 것이다.

　여자심리의 감정은 오로지 여자에게만 있고, 남자는 심리의 감정은 발생하지 않는다는 특징이 있다. 만일 남자심리에서 감정이 발생하면, 그 남자는 중증심리장애 또는 자살위험성 등으로 큰 고통을 겪는다. 이것이 인간심리의 이치이다.

　사람들은 감정이 여자에게만 있다고 하면 믿지 않는다. 이는 인간심리를 보고 듣고 느끼는 의식만 연구했기 때문에 그런 것이다. 인간심리의 기준과 행복의 기준을 정확히 알게 되면, 남자에게 감정이 발생하면 안 된다는 것이 무슨 말인지 알게 된다. 이를 모르겠다면 아직 인간심리를 해석할 능력이 없다는 것이고, 더욱 깊이 있게 내면의 공부를 하도록 해야 한다.

　기존 심리이론과 심리학으로는 절대 해석하지 못할 것이다. 부단히 알려는 노력을 지속하면, 때가 되면 자연스럽게 알게 될 것이다.

나는 실수를 잘 한다

　나는 실수를 잘 한다. 다 알고 있다고 생각하는 순간, 갑자기 전혀 모르는 사람으로 돌변하기도 한다. 한때 나는 내가 인간심리를 전부 다 알고 있다고 확신하는 실수를 했다. 심리, 감정 그리고 심리작용에 의하여 인간관계와 인간심리가 형성되는 원리는 충분히 알겠는데, 몸과 마음의 관계성을 분석하면서 신체가 마음에 영향을 주는 체계, 마음이 신체에 영향을 주는 체계. 이 둘의 관계에서는 반드시 신체의 의학적, 생리학적 지식과 연구가 함께 되어야 한다는 것도 슬픈 일이다.

　또다시 의학과 생리학을 공부해야 하는가 하는 생각이 든다. 또 얼마나 긴 세월 동안 신체연구에 매달릴 것인지. 결국 나도 보고 듣고 느끼는 부분에서 자유로울 수 없는 '생각하는 인간'임을 느낀다. 지금까지 내가 한 일이 과연 잘한 것인가? 아니면 인류를 멸망으로 가게 되는 원인이 되지는 않을까?

　염려도 지나치면 병이 된다고 있지만, 심리이론을 개발한 것에 대한 부담감이 이토록 클 것이라고 생각도 못 했다. 어쩌면 인간은 모르는 것이 약일 수도 있는데, 조상들이 이렇게 쉬운 인간심리를 어려운 말로서 개념만 정리하고 후세에게 생각할 수 있도록 한 것에도 그만한 이유가 있었던 것은 아닐까?

마음교육은 지식교육이 아니라 인간의 삶과 인생을 뒤바꾸는 마음에 대한 교육이기에 철저한 검증이 필요하다. 가끔은 내가 체계화하고 만든 심리이론이 정말 맞는가? 하는 생각을 한다.

인간의 마음에 대하여 근본을 해석하고 알 수 있도록 만드는 것이 올바른 것인가를 생각한다. 무섭기도 하고, 흥분도 되기도 하지만, 무엇보다 악용될 가능성에 대한 고민이 크다. 자칫 완벽하게 해석하는 마음이 인간에게 약이 되는 것이 아니라, 독이 되는 것은 아닌지. 해답 없는 나 자신의 생각과 싸움을 한다.

기다리면 때가 오는 법

　나는 기다린다. 무엇을 기다리는지는 모른다. 그러나 그냥 기다린다. 처음에는 해야 할 것이 매우 많아서 무엇부터 해야 할지 몰라서 매일 무엇부터 해야 할지 계획하다가 시간을 보냈다. 어느 순간부터 이 모든 것이 내가 할 일이 아닐 수 있다는 생각을 했다. 그 후 마음이 편해졌다. 벌써 마음이 편해진 지 오랜 시간이 지났다.

　간간이 해야 할 일은 있기 때문에 현실에 닥쳐진 일은 한다. 그러나 앞으로 해야 할 것도 딱히 없고, 무엇을 해야 할지도 모르고, 내 것이 아니라 굳이 하고 싶어지지 않는다. 왜 해야 하는지 모르겠다. 모든 것이 낯설다. 모든 것이 내 것이 아니고 마치 다른 누군가의 것을 훔치는 것 같아서 낯설다.

　분명 나는 무엇인가는 하고 있다. 그러나 했던 것이 무엇인지 모른다. 그저 손이 가는 대로, 내 생각을 쓰는 것일 뿐이다. 현재 닥쳐있는 일은 하지만, 내일은 무엇을 해야 할지 모른다. 그저 내일 되면 내일의 닥쳐진 일이 생길 것이고, 그것을 하면 되는 것이기에 오늘 굳이 내일을 생각하지 않는다.

내가 아닌 나를 본다. 마치 내가 타인의 관점에서 나를 본다. 낯설다. 내가 이런 모습이라는 사실이 낯설게 느껴지는 것의 실체도 알고 싶지 않다.

그저 기다린다. 내가 나를 찾는 그때를. 분명 그때가 올 것이라는 생각을 하면서 계속 나 자신이 아닌 그저 타인처럼 나는 보고만 있다. 아무것도 하지 않은 채.

내가 기다리는 실체는 무엇일까? 사람일까? 또 다른 사업이나 일일까? 인간의 심리일까? 만일 기다렸던 때가 오지 않으면, 그 또한 내 인생이려니 한다. 불안감도 없고, 초조함도 없고, 답답함도 없다. 다만 지금의 내 모습이 낯선 것이 안타깝다는 생각이 든다.

자업자득이라 생각한다. 지금의 이 현상은 아마도 모든 것을 다 내려놓으면서 생기는 현상일 것이라 본다. 인간의 마음은 왜 알아서 이 지경이 되는 것인지는 모르겠지만, 벌을 받는 중인지도 모른다. 마음을 알게 된 대신에 나 자신을 잃어가는 과정을 겪는 중일 수도 있다.

이것이 또한 내 인생이기에 겸허히 받아들이고 있다. 나 자신의 길을 찾을 수 있을 때가 오겠지. 지금은 마음을 내려놓은 채 방향도 없이 그저 흘러가는 대로 맡겨두고 있다. '무엇을 할까?'보다는 왜 해야 하는가를 더 많이 생각하게 되면서 내가 변화된 듯싶다.

급변하고 있는 현실의 세상. 참으로 안타까운 현실이 아닐 수 없다. 인간이 인간을 모른 채, 인간을 파괴하고 있는 인간들이 넘치는 가진 자들의 세상. 누가 더 즐거움과 편안함과 쾌락을 추구하나 내기하듯 경쟁하고 싸우면서 살아가는 세상. 말을 하지 말고, 눈을 감고, 귀를 막고, 그저 내 마음이 흘러가는 대로 두자. 그러면 언젠가 다시 말을 하고, 눈을 뜨고, 귀를 열고 내가 진정으로 할 일이 생길 때가 오겠지.

그때가 안 오면? 할 수 없지. 내 인생이니까.

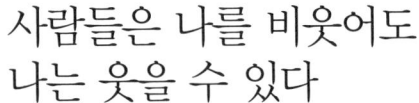

사람들은 나를 비웃어도 나는 웃을 수 있다

나의 길은 인생, 삶, 행복, 마음 등의 이치와 원리를 찾고 새로운 것을 만드는 길을 걷고 있다고 말하고 싶다. 다른 사람들이 웃긴다고 하고, 아니라고 하고, 잘못된 것이라 하고, 심지어 비웃더라도 나는 이를 편안하게 웃을 수 있는 마음의 여유를 가질 만큼 자기 내면의 행복을 찾는 과정과도 같다.

내가 가끔 나를 소개할 때 나는 어설픈 전문가, 새로운 것을 만드는 사람이라고 소개하면, 대부분의 사람들은 웃는다. 그러면서 표정은 모두가 의아해한다. 누구를 만나든 비슷한 반응이다.

나는 그들이 왜 웃는지 잘 이해한다. 행복을 위하여 살고 있는 모든 사람들, 인생의 경험만큼이나 나름 행복이 무엇인지 알고 깨달은 사람들, 다양한 전문가와 학자와 종교인과 같은 유명한 사람들의 행복강의와 특강이 얼마나 많은데 새로운 것을 만든다는 것을 이해하지 못하기 때문에 발생하는 현상이다. 충분히 이해한다. 인간이 행복하게 살아가는 방법은 특별한 사람들이 해야 할 것이지 평범한 사람이 이루기에는 웃기는 일이라고 생각하는 것이다.

그러나 마음이 작용하고 있다는 것을 모두 알고는 있는데, 마음의 이치와 원리를 아는 사람은 아직 본 적이 없다. 실제로 전문가와 학자와 종교인들조차 마음의 이치와 원리를 알지 못하고 있었다. 따라서 이 이치와 원리를 명쾌하고 체계적으로 해석하여 적용할 수 있도록 만드는 것이 바로 내가 하는 일이다.

주변에는 인생, 삶, 마음, 생각 등에 대한 깨달음을 갖고 너무도 좋은 말, 훌륭한 말을 하는 분들이 많다. 내가 보기에도 훌륭하다. 그러나 깨달음은 사람으로서의 자기만족이고 행복일 뿐이지 다른 사람들의 만족과 행복은 아니다. 이때 깨달음을 말로 하는 것이 아니라 실제 이치와 원리를 구체화하여 다른 사람들도 만족하고 행복할 수 있도록 실천(만드는 것, 행동하는 것)하는 것이 중요하다. 그러나 아쉽게도 깨달음을 말로만 하는 사람은 많아도 실천하는 사람이 없는 현실이다.

사람들이 몰라서 웃는 것은 이해한다. 그리고 나도 함께 웃을 수 있다. 문제는 깨달음을 갖고 다른 사람들을 행복하게 해 주겠다면서 교육, 강의, 특강 등을 열심히 하고 있는 사람들이 행복의 이치와 원리조차 알지 못한다는 것이다. 자신이 깨달음을 갖고 있는 것이 보고 듣고 느껴지는 것일 뿐이라서 극히 일부분인데, 이 일부분을 마치 전부인 것처럼 사람들을 현혹하고 있다는 것이다. 그러면서 자신이 최고라고 자부하고 확신하고 있다. 안타까운 일이 아닐 수 없다.

결국 깨달음을 실천하는 사람들은 전문가가 되고자 하는 것이 아니라 자신의 뜻, 자신의 길을 아무도 알아주지 않더라도 정확한 인생, 삶, 마음, 행복의 이치와 원리를 찾아서 체계화하는 구도자와도 같다고 할 수 있다. 남들이 인정하고 알아주는 전문가가 아니라, 실제 이치와 원리를 정확히 알고 있는 전문가가 되길 바란다. 정확히 아는 사람이 전문가이다. 유명하고, 학력이 높다고 하여 전문가라고 하는 것이 아니다.

사람(人)의 개념

사람은 인간과 다르다. 사람은 생존을 중심으로 자신만의 행복을 목적으로 살아간다.

사람은 사람과의 관계성을 갖지 않고 오롯이 혼자 존재하고 생존하면서 생각한다.

또한 인식, 표현, 기억, 생각의 심리(心理)는 사람과의 관계가 아닌 대상을 중심으로 작용한다.

따라서 다른 어떠한 사람과 동등한 평등의 권리를 갖고 있으며, 자유롭게 살아갈 권리가 있다.

사람은 식물 또는 동물과 다른 종이며, 식물 또는 동물과 비교대상이 될 수 없고 비교되어서도 안 되는 존엄한 가치를 갖고 있다. 또한 사람과 사람은 모두 다른 생각의 마음을 갖고 있기 때문에 비교될 수 없는 존재이다. 사람은 존재하는 그 자체이다.

인간(人間)의 개념

인간은 사람과 사람이 함께 존재할 때, 그 사람들을 인간이라 한다.

사람은 생존을 중심으로 자신만의 행복을 목적으로 살아가지만, 인간은 사람으로 존재하면서 자기 존재의 의미와 가치를 실현한다.

인간은 혼자 존재하고 생존하면서 생각하는 것이 아니라, 함께 존재하면서 상호 관계를 생각한다. 인식, 표현, 기억, 생각의 심리(心理)는 사람과의 관계를 중심으로 작용한다. 따라서 다른 사람들과 조화를 이루고 질서를 유지하며, 사람으로서의 자유와 평등을 일부 억압한다.

인간은 사람으로서의 행복을 추구하면서 동시에 자기 삶의 의미로 행복을 찾는다. 동시에 사회적 가치, 인간관계의 가치, 경제적 가치 등의 자아실현을 추구한다. 따라서 인간은 존재의 의미와 가치를 갖고 있다.

인간의 몸과 마음

'몸도 튼튼, 마음도 튼튼'

사람과 인간은 몸과 마음으로 구성되어 있다. 몸은 생존하여 존재하고, 마음은 느낌으로 의지와 가치를 실현한다. 그래서 인간은 존재하고, 존재의 의미와 가치를 추구한다.

몸이 아프면 마음이 아프고, 몸이 건강하면 마음이 건강해진다. 마음이 아프면 몸이 아프고, 마음이 건강하면 몸이 건강해진다. 몸은 생존하는 에너지가 필요하지만, 마음은 생각하는 에너지가 필요하다. 그래서 몸은 관리하기 쉽지만, 마음은 관리하기 어렵다.

몸의 반응과 느낌으로 마음을 해석하는 것은 어렵지만, 마음의 반응과 느낌으로 몸을 해석하는 것은 쉽다. 몸은 신체의 일부이고, 마음은 심리의 일부이다. 자신의 몸과 마음은 전 세계에 오롯이 유일한 존재이다.

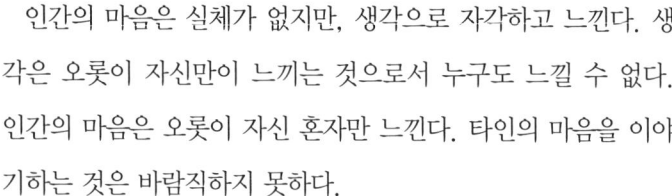

의식과 무의식

인간의 마음은 실체가 없지만, 생각으로 자각하고 느낀다. 생각은 오롯이 자신만이 느끼는 것으로서 누구도 느낄 수 없다. 인간의 마음은 오롯이 자신 혼자만 느낀다. 타인의 마음을 이야기하는 것은 바람직하지 못하다.

인간의 마음은 의식과 무의식으로 구성된다. 의식은 생각으로 자각하고 느끼기 때문에 존재하는 것을 알 수 있지만, 무의식은 생각으로 느끼지 못한 채 작용한다.

무의식이 작용해야 의식의 생각으로 느낄 수 있다. 따라서 무의식의 작용을 알지 못하면 인간의 마음은 알 수 없다. 의식으로 느끼는 것은 무의식이 작용한 결과이기 때문에 의식으로 느낀 것이 마음의 전부라고 생각하면 안 된다.

무의식은 느낄 수 없다고 없는 것이 아니다. 무의식의 작용원리를 모른 채 마음을 이야기하지 마라.

마음의 표현

인간이 마음을 표현하는 방법에는 말, 행동, 표정 3가지가 있다. 타인에게 표현할 때, 사랑하는 사이 또는 가까운 사이에 표현할 때. 인간관계에 따라서 말, 행동, 표정의 3가지는 다르게 작용한다.

의식에 가까운 것은 말 → 행동 → 표정 등의 순서로 작용한다. 이는 타인에게 주로 표현할 때 많이 작용한다. 따라서 이 관계에서는 표정보다는 말로 인하여 좌우된다. 반면 무의식에 가까운 것은 표정 → 행동 → 말 등의 순서로 작용한다. 이는 사랑하는 사이 또는 가까운 사이에 많이 작용한다. 따라서 이 관계에서는 말보다는 표정으로 인하여 좌우된다.

평소에 무심코 지나가는 것에 대하여 상대의 말, 행동, 표정이 어떻게 작용하는지를 보게 되면, 무의식의 작용을 알 수 있고, 상대가 나를 어떤 관계로 인식하고 있는지 보여준다. 이것이 마음을 해석하는 시작이다.

생각의 오류와 이해

'인간은 생각하는 동물'이라고 했다.
생각한다는 것은 자각하고 느끼는 것으로 인간이 갖고 있는 위대한 능력이다. 또한 모든 사람이 자기만의 생각을 갖는다.

그래서 생각은 '나'를 의미한다.
이 생각은 외부정보와 기억정보에 의하여 결정된다.
이때 사람마다 기억정보가 다르기 때문에 외부정보를 인식하는 것도 다르다.

똑같은 사람은 전 세계에 단 한 명도 없다.
그러다 보니 자신이 생각하는 것을 다른 사람들도 같이 생각할 것이라고 생각한다.

이때 오류가 발생한다.
이 오류는 인간이 위대함과 어리석음이 동시에 발생하게 되는 원인이다.

인식의 오류(인지오류), 생각의 오류, 기억의 오류, 표현의 오류 등으로 인간은 가치와 존엄성을 갖는다.

생각은 인식, 기억, 표현 등을 모두 중재하기 때문에 중요하다. 그래서 생각의 오류는 모든 인간의 마음에서 누구에게나 작용한다.

또한 자신의 생각이 다른 사람과 같을 것이라는 생각의 오류는 인간관계의 갈등을 유발한다.

다른 사람의 생각이 틀린 것이 아니라 다른 것임을 아는 것이 바로 이해의 첫걸음이다.

심리의 대칭

자신이 아주 예쁘다고 생각하면 심리는 어려움이 많다.

그래서 심리의 어려움을 해결하려고 생각하고 욕구를 갖는다. 인간관계에 어려움이 많아진다. 그리고 패턴이 계속 반복된다. 모든 좋지 않은 일은 타인의 탓이라 한다.

자신이 즐거움을 추구하면 심리는 스트레스로 꽉 찬다.

그래서 스트레스를 없애려고 또 즐거움을 추구한다. 그렇게 즐거움만 추구하다가 죽는다.

자신은 최선을 다하면서 살았노라 주장한다.

좋은 말을 많이 하면, 심리는 억압이 형성된다. 다른 사람에게 좋은 말을 할 때는 좋지만, 기분이 나쁠 때는 억압이 작용한다. 가깝고 사랑하는 사이에는 좋은 말보다는 억압을 해소하려고 한다. 자신은 좋은 사람이라 착각한다.

　인기가 많거나 유명해지면 심리는 편하지 못하다.

　그래서 인기가 많거나 유명해지면 심리장애에 빠진다. 인기하락, 실패, 대중의 무관심 등이 발생하면 심리장애가 작용한다. 인기와 유명함을 유지하기 위하여 노력하며 살아간다.

　재물(돈)이 많으면 심리는 편향된다.

　그래서 세상의 이치와 논리를 재물(돈)의 가치로 연계한다. 자신이 가장 위험한 중증 심리장애가 발생한 것을 모른 채 살아간다. 경쟁 속에서 삶을 마감한다.

다양한 힐링의 방법

사람들은 모두가 다양한 힐링의 방법을 갖고 있다. 모두가 다섯 개 감각기관의 일부에 좋은 정보를 받아들여서 심리에 좋은 감정을 유발하도록 한다. 이는 일시적인 기분 또는 감정전환의 방법으로 많이 활용한다. 그러나 심리문제와 심리장애를 치료할 수 없다. 자칫 강박을 갖게 되면 중독증(몰입에 집착)을 유발한다.

시각은 영화감상, 좋은 경치와 여행, 갤러리, 아이쇼핑, 아름답고 예쁜 것, 좋아하는 사람을 보는 것 등과 같이 보는 것을 통하여 좋은 것을 보게 되면 기분이 좋아진다. 다섯 개 감각기관의 정보 중 가장 많은 정보를 받아들인다.

청각은 음악 감상, 좋은 이야기와 말, 강연 듣기, TV/라디오 시청(청취), 사랑한다는 말을 듣는 것 등과 같이 듣는 것을 통하여 좋은 것을 듣게 되면 기분이 좋아진다. 시각 다음으로 많은 정보를 받아들인다.

촉각은 마사지 받는 것, 스킨십/허그, 운동, 옷과 패션 등과 같이 좋은 느낌의 신체적 접촉으로 기분이 좋아진다. 청각 다음으로 많은 정보를 받아들인다.

후각은 좋은 냄새와 향기, 맛있다고 느껴지는 냄새, 향수, 싱그러운 풀 냄새, 상쾌한 냄새 등과 같이 좋은 냄새와 향기로 기분이 좋아진다. 촉각 다음으로 많은 정보를 받아들인다.

미각은 맛(단맛, 신맛, 쓴맛, 매운맛, 감칠맛, 알싸한 맛), 음식을 먹는 것 등과 같이 좋은 맛으로 기분이 좋아진다. 후각 다음으로 많은 정보를 받아들인다.

따라서 정보를 받아들이는 양은 '시각 〉〉 청각 〉〉 촉각 〉〉 후각 〉〉 미각'의 순서이다. 정보량이 많은 것일수록 여성전문가가 많고, 정보량이 작은 것일수록 남성전문가가 많다. 또한 힐링의 방법으로는 정보량이 많은 것일수록 남성이 선호하고, 정보량이 적은 것일수록 여성이 선호한다. 이는 기분과 감정이 무의식에서 작용하는 차이로 인하여 발생하는 현상이다. 스트레스를 받으면 일정하게 반복되는 행태의 강박이 생긴다면, 이는 중독으로 발전할 가능성이 매우 높다.

우월감과 열등감

우월감과 열등감은 같은 무의식의 작용이다.

우월감은 경험과 기억의 열등감에 대하여 이를 극복하고자 하는 무의식이 작용하여 표현되는 의식적인 현상이다. 즉 자신의 열등감을 감추기 위하여 표현되는 의식적 현상으로 자만심이다.

그러나 다른 사람들은 그것을 아는데, 정작 본인만 모른다. 눈만 가린 채, 다른 사람들이 자신을 전혀 보지 못할 것이라고 확신하는 것과 같은 이치이다.

열등감은 경험과 기억의 성취에 대하여 원하는 것을 이루고자 하는 무의식이 작용하여 표현되는 의식적인 현상이다. 즉 자신이 원하는 꿈과 희망이 뜻대로 되지 않을 때 표현되는 의식적 현상으로 자존감이 하락한다.

그러나 다른 사람들은 모르는데, 정작 자신 혼자만 느낀다. 다른 사람들은 신경도 안 쓰는데, 다른 사람들에게 꼭 보여줘야 한다고 혼자만 확신하는 것과 같은 이치이다.

결국 우월감과 열등감은 똑같은 무의식이 작용하여 나타나는 의식적인 현상이나.

아름다운 것은 아름답지 않다는 것이 존재하기 때문에 아름답게 느끼는 것이다.

결국 이분법적이고 흑백논리에 의하여 나타나는 의식의 현상이다.

무의식은 어떤 의식의 현상일지라도 누구에게나 똑같이 작용한다.

성취와 성공

子曰 (자왈)
吾十有五而志于學(오십유오이지우학)
三十而立(삼십이립)
四十而不惑(사십이불혹)
五十而知天命(오십이지천명)
六十而耳順(육십이이순)
七十而從心所欲(칠십이종심소욕)
不踰矩(불유구)

이는 논어의 위장 편에 나온다.

인간의 삶에서 남자와 여자의 삶이 어떤 행복을 추구하는지, 행복을 이루었을 때 비로소 성취(성공)를 하는 것인데, 경제적 가치(물질숭배)에 치중된 성취(성공)는 인간의 마음을 비우게 하는 것으로, 우리는 이를 경계해야 하지 않을까? 계영배(戒盈杯)의 의미를 되새겨 본다.

인류는 멸망하지 않지만, 문명은 멸망할 수 있다. 역사상 편리성과 물질풍요를 추구했던 문명은 멸망의 길을 걸었다.

 이 길로 가고 있는 대세를 거스를 수 없는 것이 현실이다. 현실은 이렇게 물질적 풍요와 편리성으로 비약적인 발전을 하고 있는데, 인간의 마음은 예전 그대로이니 사회는 혼란, 반목, 싸움, 사건·사고가 끊이지 않는 것은 아닌지 생각해 본다.

 우리 아이들이 살아갈 미래를 위하여 우리는 무엇을 할 것인지 깊이 생각해야 하지 않을까?

행복의 과유불급

있는 것과 없는 것의 차이는 작아 보이지만 매우 크다. 있지만 많은가 적은가의 차이는 정도의 차이일 뿐이다. 또한 많을 때 너무 많은 것은 없는 것만 못하다고 했다. 이는 마음의 작용 때문이다.

우리가 마음에서 있는 것과 없는 것, 있지만 많은가 적은가, 그런데 너무 많은 것은 없는 것만 못하다.

과유불급 그리고 마음의 지나침(욕구)을 경계하는 말이다.

우리가 추구하는 행복은 무엇일까?
행복이 없으니 행복을 만들려고 하는 것인가?
아니면 행복은 있지만, 더 큰 행복을 추구하는가?

몸이 아플 때와 마음이 아플 때

몸이 조금이라도 아프면 즉시 인지하고, 의사를 찾아가 진단과 처방을 받는다. 물론 대수롭지 않게 생각하고 지나가는 사람도 있다.

그러나 대부분은 더 큰 질병으로 확대되지 않도록 초기에 치료한다. 치료가 불가능해질 때 비로소 자신 스스로의 치료법을 찾는다.

그런데, 마음이 조금이라도 이상이 생기거나 아프면, 먼저 자신 스스로 치료하려고 한다. 또한 자신의 마음을 살피기보다는 상대를 탓하거나 또는 대수롭지 않게 생각하고 지나간다. 그래서 대부분은 큰마음의 병으로 확대한다.

몸과 마음은 인간으로 살아가도록 구성되어 있다.
몸은 생존에 필요하지만, 마음은 행복에 필요하다.

우리는 몸의 질병은 중요하게 인식하지만, 마음의 질병은 잘 생각하지 않는다.

행복하게 살고 싶은가?
마음의 상처(질병)를 살펴보라.

'누가 상처를 주었느냐'보다는 자신의 마음에 발생한 상처를 치료해야 한다. 잘잘못은 치료 후에 생각해도 늦지 않을 것이다.

나는 심리장애자이다

 사람들은 나에게 어떻게 이 일을 하게 되었는지 묻는다. 그리고 내가 다른 사람들의 심리장애를 치료하고 있으니, 분명 나의 심리는 괜찮을 것이라고 기대한다. 그러나 나는 중증 심리장애자이다. 그래서 '나는 중증 심리장애자입니다.'라고 말하면 많이 놀란다.

 심리장애는 정신질환이 아니다. 심리작용 즉 감정의 작용에 장애(문제가 지속되는 현상)가 발생한 것을 심리장애라 한다.

 심리장애자는 자신이 심리장애자인 것을 아는 것이 가장 중요하다는 것을 덧붙여 말한다.

 심리장애자가 자신은 심리장애가 아니라고 거부하면 자신도 모르게 자신뿐만 아니라 주변의 가까운 사람들부터 만나는 모든 사람들의 심리를 파괴하는 부정의 에너지로 사용하지만, 심리장애인 것을 알면 자신은 어떻게든 자신을 치료하려 노력하면서 긍정의 에너지로 사용한다.

 이때 심리장애를 치료하는 방법에는 2가지의 방법이 있는데, 하나는 심리장애를 없애는 것이고, 또 다른 방법은 심리장애를 활용하는 방법이다. 심리장애는 강력한 기분 또는 감정의 흐름이기 때문이다. 가장 좋은 것이기도 하지만, 가장 나쁜 것이기도 한 것이 심리장애이다.

 창의력, 창조력, 벤처마인드, 성공, 최고 등이 되려면 심리장애는 필수이다. 그래야 다른 사람들이 생각하지 못한 것을 생각하고, 실천하고, 이룰 수 있기 때문이다. 대부분의 최고의 전문가, 유명인, 인기인, 재벌, 예술인… 등은 대부분 심리장애자이다.

 자신들이 심리장애인지 모르면 파괴의 힘으로 사용할 것이고, 자신이 심리장애인지 알면 생성의 힘으로 사용할 것이다. 이는 그들이 사는 모습을 보면 잘 알 수 있다.

 여러분은 심리장애자인가? 심리장애가 있는 것이 좋은가? 없는 것이 좋은가?

슬프고 암울한 지식

지식이 많아진다는 것은 그만큼 지식을 많이 필요로 하는 현실이라는 뜻이다. 지식이 많아지면, 마음은 점점 줄어드는 것이 심리의 이치이다.

이 세상에서 생존하려면 마음의 풍요가 아니라 지식(물질)의 풍요가 필요하다. 그래서 빈익빈 부익부의 양극화는 더욱 심화되고 있다.

우리 후손에게 물려 줄 이 사회의 끝은 어떻게 될까?
지식교육과 주입식교육은 인성을 없애는 교육이다.
예체능교육을 인성교육으로 착각하고 있는 현실.
웃고 즐거우면 힐링이 된다고 착각하는 사람.
인성교육이 무엇인지 모른 채 인성교육을 의무화하고,
자기성결정권의 본질을 모른 채 결정하고.
교육이 모두를 병들게 하는지 모르는 전문가와 강사.
재미있게 사는 것이 행복이라고 착각하는 사람.

사랑이 뭔지 모른 채 사랑하는 사람.
도대체 어디부터 풀어야 하는가?

이론과 현실은 달라도 너무 다르다.

왜 이론에 의지한 채 현실의 진리는 외면하고 있는가?
어쩌다 이런 사회가 되었나? 이 암울하고 슬픈 세상을 어찌해야 하는가?

그래도 묵묵히 현실의 진리를 향해 사는 사람들이 있으니 견딜 수 있는 것이 아닐까? 물론, 대부분의 사람들은 자신만은 현실의 진리를 향해 살고 있다고 자기합리화를 하지만.

심리검사는 심리치료와 관계없다

 심리검사를 하는 경우는 심리진단을 위한 상담을 할 때 유용하다.

 심리검사를 하게 되는 경우, 심리치료를 위한 상담을 할 때는 오히려 방해되고 겉으로는 상담을 잘 하는 것처럼 보이고, 마치 심리치료가 된 듯 보이지만 실제는 심리치료가 되지 않는다.

 심리검사는 오히려 내담자에 대한 선입견을 갖게 됨으로써 보이는 상처에만 집중하게 되어 내담자의 상처를 더욱 확대시키고, 상담사에게 의존하도록 만드는 원인이 된다.

 의식에 의존하면 심리치료는 사실상 불가능하다. 따라서 심리치료를 할 때는 심리검사를 안 하는 것이 좋다. 진정한 심리치료를 위한 상담을 전문으로 하는 경우에는 이 말이 무슨 뜻인지 알 것이다. 만일 이 말의 뜻을 모른다면 안타깝게도 심리치료를 위한 상담을 모른다.

상처를 정확히 알자

사람들은 자신의 상처를 모른다.
다른 사람의 탓이다.
다른 사람의 잘못 때문이다.
내가 뭘 잘못했느냐
나는 잘 살아왔고, 잘살고 있다.

잘되면 자신이 잘한 것이고, 문제가 생기면 조상 탓이라고 했다.

이 모두가 자신의 상처로 인하여 또 다른 상처가 발생하는 것이다.

모든 것이 내 탓이 아닌 것은 맞다.
그러나 상대를 이해하지 못하면 상처가 생기는 법이다. 또한 이해하지 못하는데, 어떻게 상대를 알겠는가?

그럼 왜 상대를 이해해야 하느냐?

이는 자신에게 상처가 발생하지 않기 위한 것이다.

상대를 용서하기 위하여 이해하는 것이 절대 아니다. 용서를 하든 하지 않든, 배려를 하든 하지 않든 중요하지 않다. 먼저 이해를 하고 난 후에 자신이 판단하고 결정하면 될 뿐이다.

이 말뜻도 알지 못하면, 상처는 계속될 것이다.
또한 마음을 알지 못할 수밖에 없다.

상처의 발생

상처는 상대가 나에게 준 것이 아니다. 상처는 상대의 정보에 대하여 나의 무의식이 만든 부정감정이다.

상대의 정보(오감의 정보)를 받아들여 나의 생각과 기억에 맞지 않게 되었을 때, 내면에서는 부정감정이 유발되고, 받아들인 상대의 정보와 결합하여 상처로 기억된다. 그래서 '상대의 정보 + 상처'가 형성된다. 마치 상대가 나에게 상처를 준 것처럼 인식된다.

이것이 상처의 실체이다.

감정의 전이와 역전이, 상처를 주고받는 것은 인간의 생각이 만들어 낸 자기 합리화의 허상이다.

희로애락의 모든 감정은 오롯이 자신의 무의식만이 만든다. 그래서 상처는 다른 사람에 의해서 내 마음에 만들어진 것이 아니라 나 자신의 마음이 만든 것이다.

상처의 인식

 상처가 없으면 아픔, 슬픔, 고통을 알지 못하고 행복이 무엇인지 알 수 없다. 그래서 어려움을 겪지 않으면 편안함과 행복함을 알 수 없다.

 상처는 행복을 만드는 원천이다. 아프고, 슬프고, 어려움 등을 벗어나면 편안함을 느낀다. 그러나 편안함에 안주하지 말고 아프고 슬프고 힘들었던 때를 생각하여 행복을 만들어야 한다.

 그래서 상처로 힘들어하는 때가 행복을 가질 수 있는 기회가 된다. 상처를 받을 필요는 없지만, 발생한 상처를 회피하여 편안함과 즐거움으로 해결하려고 하지 말자.

 상처는 인간에게 행복을 느끼도록 하는 원천이기 때문에 상처를 회피한다는 것은 행복을 거부하는 것과 같다. 상처를 회피하는 습관은 행복한 인생을 살 수 없도록 만드는 치명적인 왜곡이다.

상처의 위로

상처를 받은 사람들은 위로를 받고자 하는 욕구가 생긴다. 상처의 깊이가 클수록 위로받고 싶은 마음은 더욱 강해진다.

사람들은 상처로 어려움을 겪으면 위로와 조언을 한다. 또한 좋은 글에 위로받고, 책/영화/공연 등을 보면서 위로받고, 강연을 들으면서 위로받고자 한다. 상처치료를 하고자 상담을 받으면서 위로받기도 한다. 명상, 마인드컨트롤, 기도 또는 절을 하면서 자신의 상처를 치료하고자 노력하기도 한다.

그런데 상처가 깊으면 위로는 오히려 상처를 더욱 깊게 한다. 상처가 깊어지다 못해 상처를 생각하지 못하는 '상처의 해리'가 발생하면 상처를 느끼지 못한다. 그래서 사람들은 상처를 받은 사람에게 '세월이 약이다'라는 말을 많이 한다.

'상처의 해리'는 인생을 불행하게 살게 만든다.
자신은 이를 모른 채 '인생은 즐기면서 사는 것'이라고 말하는 사람이 된다. 그래서 만나는 모든 사람들에게 상처를 입히는 가해자가 된다. 상처받은 사람에게는 위로와 조언이 좋은 것만은 아니다.

오히려 위로와 조언이 상처받은 사람을 불행하게 만들 수 있다.

오로지 상처는 자신의 마음으로 치료할 수 있다. 인간은 누구나 자신의 상처를 치료할 수 있는 마음을 갖고 있다. 자신에게 있지만, 다른 사람들에게서 찾는 것이 문제이다. 마음을 알면 어렵지 않게 상처는 치료된다.

다른 곳에서 자신의 상처를 위로받지 않기를 바란다.
자신에게 순수한 치료의 마음이 존재하고 있다는 것을 알기 바란다.

상처는 행복의 원천

 마음의 상처는 슬픔, 아픔, 고통, 답답함 등으로 자각되기 때문에 기억하는 것도 싫고, 벗어나고 싶어 한다. 빨리 편해지고 싶은 마음을 갖고 싶기 때문이다. 그래서 대부분의 여자는 상처를 치료하겠다는 생각보다는 잊는 것, 벗어나려고 한다.

 그런데, 여자는 상처가 행복의 원천이라는 것은 생각하지 못한다. 여자에게 상처가 행복의 원천이 되는 것은 상처를 치료할 때 생성되는 에너지가 바로 사랑과 행복의 감정으로 자각되기 때문이다. 마치 석탄(상처)에 불을 붙이면(치료), 강력한 화력(사랑과 행복)이 생기는 것과 같다. 이때 생성되는 사랑과 행복의 감정은 상처의 깊이와 크기에 비례하고, 오래도록 지속된다.

 이 상처를 행복으로 전환하는 능력은 오롯이 여자의 무의식에서만 작용한다. 남자에게는 이 능력이 없다. 여자의 상처는 행복의 원천이기 때문에 발생한 상처에서 벗어나고 기억을 못 하면 행복의 원천도 없어지는 것과 같다(이를 상처의 해리현상이라 하고, 심리장애의 원인이 된다).

 이와 같이 상처는 의식에서 작용하여 자각되지만, 무의식의 작용에 의하여 행복의 감정을 생성한다. 그래서 상처를 의식적으로 회피하고 기억하지 않도록 노력하는 것은 행복을 없애는 것과 같다.

 상처는 고난이요, 상처를 치료하려는 노력은 고난을 극복하는 것이며, 상처치료 후 행복을 누리는 것은 영광이다.

 절대 상처가 아프고 힘들다고 피하지 말라. 그 상처도 바로 자신의 소중한 경험이고 인생이다. 기억을 해도 아프지 않게 기억하고, 행복한 감정을 자각하도록 치료하면 된다. 이것이 의식의 상처를 무의식으로 치료하는 원리이다. 무의식이 아니면 의식의 상처를 치료할 수 없다. 의식으로 치료하는 것은 상처를 회피 또는 억압하는 것이며, 심리장애의 원인이 된다. 그렇다고 행복을 위하여 일부러 상처를 만드는 것은 심각해진다. 의식적으로 만든 상처는 무의식이 치료하지 못하기 때문이다.

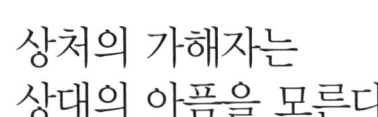

상처의 가해자는
상대의 아픔을 모른다

인간관계에서 폭언과 폭력, 말과 행동에 의하여 상처를 입는 경우가 많다. 그런데 상처를 주는 가해자는 상처를 입는 피해자가 얼마나 큰 상처를 입는지 알지 못한다.

주먹으로 상대를 때리면, 상대가 아프다. 그러나 때린 사람은 상대가 얼마나 아픈지 모른다. 또한, 상대가 나를 때리면 나는 아프다. 내가 얼마나 아플지 상대가 알 것이라 생각한다.

상처를 준 가해자는 "나는 그냥 무심코 한 말과 행동이었을 뿐이었다"고 말한다. 그러나 피해자는 "내가 얼마나 아픈지 뻔히 알면서 거짓말한다"고 말한다.

사소한 자신의 말과 행동이 상대에게 큰 상처를 줄 수 있다. 그래서 자기 기준이 중요한 것이다. 자기 기준은 자신의 행복추구에 맞추어져 있기 때문에 자기 자신만 행복하면 된다는 기준을 가진 사람은 상대에게 항상 상처를 주지만, 자신은 행복을 추구한 것일 뿐이다. 자기 자신이 옳다고 확신하는 사람들이여. 그 확신은 분명 자신의 기준인데, 이 기준이 왜곡되어 있다면, 다른 많은 사람들은 상처를 입는다. 바로 그 확신으로 하는 말과 행동 때문에. 그러나 정작 자신은 전혀 알지 못한다.

내가 하는 말과 행동 하나로 인하여 누군가 상처를 받을 수 있다. 아무리 훌륭한 말일지라도 그로 인하여 상처받는 사람이 있을 수 있다.

'무심코 던진 돌에 개구리가 맞아 죽을 수 있다.'
무심코 돌을 던진 사람의 잘못인가, 아니면 하필 그때 지나가다 돌에 맞아 죽은 개구리의 잘못인가?

심리문제와 심리장애의 차이

사람들은 심리문제와 심리장애의 차이를 잘 이해하지 못하는 경우가 많다. 심리문제는 심리에 문제가 발생한 경우라고 말하고, 심리장애는 심리에 장애가 발생한 경우라고 말한다.

심리에 문제가 발생하면, 조금만 신경을 쓰고 노력하면 회복이 되면서 별 어려움이 없다. 그래서 심리문제는 별로 대수롭지 않게 생각하는 경향이 많다. 그러나 심리문제가 반복된다면 이는 심리장애가 발생하는 중임을 알아야 한다. 외상 후 스트레스와 같은 강력한 트라우마가 갑자기 발생하는 경우를 제외하면 대부분의 심리장애는 심리문제가 지속되면서 발생한다.

심리문제가 발생하면 즉시 심리문제를 해결하면 심리장애를 예방할 수 있다. 대부분이 심리문제를 별 대수롭지 않게 생각하여 방치하기 때문에 심리장애로 발전하는 것이다.

심리장애가 발생하면, 즉시 심리치료를 해야 한다. 심리장애를 해결할 때는 심리문제를 해결할 때보다 시간과 노력이 더 많이 소요된다.

 심리장애는 행복과 직결된다. 자신만 행복하고 주변의 다른 모든 사람들이 불행해지거나, 자신이 불행하게 생각되어 힘들고 어려운 마음을 느끼고 생각하게 되면 이는 심리장애라 할 수 있다. 그래서 어떤 경우인지를 잘 살피면 심리장애는 쉽게 구별할 수 있다.

 심리문제가 발생하면 심리장애를 예방하기 위하여 심리치료를 하고, 심리장애가 발생하면 즉시 심리치료를 해야 한다. 이는 자신뿐만 아니라 다른 모든 사람이 행복하게 살아갈 수 있는 근본이 된다.

 어떤 경우에는 심리장애로 인하여 자신이 행복하면서 주변의 다른 모든 사람들이 행복을 가질 수 있는 경우도 있다. 이러한 심리장애는 치료의 대상이 아니다. 다만, 자신에게 심리장애가 있다는 것을 깨닫고, 인지하며, 조절하는 능력을 갖는 것이 중요하다. 따라서 심리장애라고 하여 모두 치료를 해야 하는 대상은 아니다.

신체의 질병은 없는데 몸은 아프다

몸이 아파서 병원에 찾았더니 신체는 정상인데 스트레스로 인하여 발생한 '신경성'이라는 진단을 받는 경우가 많다. 이때는 대부분 신체(몸)의 증상을 치료하는 약물치료와 함께 스트레스의 관리에 대한 처방도 함께 받는다. 물론, 몸이 아픈 증세가 심각한 경우에는 입원하여 몸을 치료하면서 정신과치료를 병행하는 경우도 있다. 또한, 신경성으로 몸이 아픈 현상이 반복되면 정신과치료를 한다. 이렇게 신경성 신체질병의 증상이 나타나는 것을 신체화장애 또는 신체형장애하고 한다.

이 신체화현상은 '신체의 질병이 없는데도 신체가 아픈 현상'이다. 신경성 두통, 신경성 신체통증, 과민성위장장애, 과민성대장증후군, 과민성방광증후군, 생리증후군, 신경성 탈모 등 매우 다양한 신체질병의 형태로 나타난다. 모두가 심리장애로 발생하는 신체질병 증상이다. 특히 신체화현상은 심리장애를 치료하지 못한 채 오래 지속될수록 신체질병증상이 점점 더 강해지거나 또 다른 신체질병증상이 추가적으로 나타나는 특징이 있다.

이러한 경우는 나타난 신체병증을 치료하면서 즉시 심리장애를 치료해야 한다. 심리장애가 치료되지 않은 채 지속하게 되면, 신경성 신체장애는 사라지지 않고 계속 반복되어 나타난다. 이로 인하여 오랜 세월 동안 약물을 복용하는 분들이 매우 많다. 근본 원인을 치료하지 못한 채 신체병증만 지속적으로 치료하기 때문이다. 즉 신경성 신체장애의 원인은 심리장애임을 알아야 한다. 수개월 이상 동안 신체화현상으로 인하여 약물을 복용하는 경우에는 심리치료를 하지 못한 채 계속 약물에 의존하기 때문이다. 이런 경우 심리치료를 하면 신체화현상을 완치할 수 있다.

몸이 아프면 심리에 문제가 되는 것은 당연하듯이, 심리장애가 발생하면 몸이 아픈 것도 당연하다. 인간은 몸과 마음이 함께 연결되어 작용하고 있으며, 이 연결은 무의식의 작용에 의하여 느낌으로 작용한다. 따라서 무의식의 작용을 체계적으로 알지 못하면 심리치료를 할 수 없는 것뿐만 아니라, 신체화현상의 치료도 어렵다.

상담은 내담자의 인생을 좌우한다

상담이 보편화 된 현실.

국가자격, 공인자격, 민간자격 등 많은 상담 관련 자격증이 있다. 또한 학자, 전문가, 상담사도 많다.

많은 상담사가 있지만, 왜 심리치료가 되지 않는지 생각해 보자.

심리치료를 위해서는 심리를 정확히 알아야 하고, 심리를 알려면 마음을 알아야 한다. 마음과 심리가 작용하는 원리와 이치를 알지 못하면 심리치료가 되지 않는다.

많은 상담사 중에 마음과 심리가 작용하는 원리와 이치를 아는 사람은 얼마나 될까? 심리와 상담의 지식이 과연 마음과 심리가 작용하는 원리와 이치인가를 생각해 보아야 한다.

마음과 심리를 알지 못한 채 내담자를 상담하는 것은 '죄'를 짓는 것이다.

 심리상처를 치료한답시고 심리장애로 만드는 것이 상담이 된 현실을 보면서 슬픈 마음이 든다.

 상담은 내담자의 인생을 좌우한다.
 따라서 상담사는 자신의 지식만으로 내담자의 인생을 망가트리지 않아야 한다.

한 번 살아 보세요

매력적이고 아름다운 아내, 그리고 멋있고 능력이 있는 남편.

남편이 바람을 피웠다.
상대 여자는 평범했다.
이외에 자세한 것은 모른다.

나는 남편에게 물었다.
"저렇게 아름다운 아내가 있는데, 왜?"

그랬더니 남편 왈, "살아 보세요."

이 말로 나는 두 사람의 무의식을 분석할 수 있었다.

엄마와 갈등으로 가출한 여학생

한 여학생이 말했다.

"저희 엄마는 툭하면 잔소리하면서 화내고, 짜증 내고, 신경질을 많이 냅니다. "공부해라, 공부해서 남 주는 것이 아니다, 게임을 그만해라, 일찍 자라, 군것질하지 말라, 빨리 씻어라." 온통 짜증 내고 화내고 신경질을 냅니다. 엄마는 세상에서 저를 제일 미워하고 있어요. 그래서 어른들에게 엄마가 왜 저를 그토록 미워하는지 물어보면 "엄마는 너를 사랑하기 때문에 그런 것이란다. 그러니 네가 엄마를 이해하렴. 나중에 크면 알게 된단다."라고 말하거나 "엄마는 다 네가 잘되라고 하는 것이다."라고 말해요. 저는 이 말이 더 이해가 되지 않아요. 왜 사랑하고 있고 잘되라고 화내고 짜증 내고 신경질을 내나요? 그렇게 말하는 어른들을 이해할 수 없어요. 엄마는 나를 미워하는 것이 분명해요. 엄마는 항상 나를 미워하고 있고 엄마가 세상에서 제일 싫어요. 어떤 때는 정말 죽고 싶은 마음이 들어요. 집에 들어가기 싫어요."

나는 심리작용에 대한 그림을 그려가면서 설명했다.

"엄마는 너와 같은 여자란다. 그래서 너와 똑같은 여자의 무의식을 갖고 있고, 세상의 모든 여자들은 똑같은 무의식을 갖고 있단다. 여자는 무의식에 의하여 감정이 작용하는데 이 무의식은 의식과 달라서 생각하고 의도하는 것이 아니란다. 여자는 상처를 받으면 이를 치료해서 사랑의 에너지를 만들고자 하는 무의식이 작용하기 때문에 사랑하는 사람에게만 자기 심리를 표현하는데, 이때 무의식에 의한 말과 행동과 표정으로 마음을 표현한다. 가까운 사람, 좋아하는 사람, 사랑하는 사람이 아니면 상처를 표현하지 않는다. OO(여학생 이름)도 여자이기 때문에 마찬가지란다. 엄마가 무엇 때문에 상처를 받았는지는 모르겠지만, 사랑하는 딸인 OO에게 상처의 감정을 표현하는 것이다. 다만 엄마가 생각할 때 자신의 딸이 잘 했으면 바랬지만, 잘 되지 않았을 때에 자신도 모르게 무의식으로 자신의 상처를 표현하는 것이지. 결국 엄마는 자신의 상처를 사랑하는 딸에게 치료받고 싶고 사랑의 에너지를 만들고 싶어 하는 것이다. 사랑하는 딸에게 신경질 내고, 짜증 내고, 화내면서 말이다."

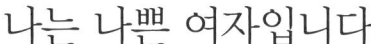

나는 나쁜 여자입니다

내담자: 저는 쓰레기처럼 살았고 정말 나쁜 짓만 하면서 산 여자입니다. 그런데 이젠 그러고 싶지 않습니다. 제가 행복하게 살 수 있을까요? 저는 저의 과거가 부끄럽고 창피해서 숨긴 채 더 나쁜 짓만 하면서 살았는데, 이젠 그만하고 행복하게 살고 싶어서 염치불구하고 찾아 왔습니다. 제 욕심이겠지요?(경계의 표정)

저자: 잘 오셨습니다. 어떤 과거인지는 알고 싶지 않습니다. 또한 중요하지 않습니다. 그것은 회원님의 소중한 인생이기 때문에 어떻게 살았느냐는 것은 오롯이 회원님만이 결정할 수 있는 것이지 다른 어느 누구도 판단할 수 없습니다. 저 또한 회원님이 쓰레기로 나쁜 짓을 하면서 살았다고 판정하고 결정하는 사람이 아닙니다. 회원님은 오롯이 행복하게 살아가는 것만 알면 되고, 저는 그 행복을 만들어 드리면 됩니다.

내담자: 저 정말 쓰레기였다니까요? 정말 나쁜 짓을 많이 한

여자라니까요? 이야기를 들어보지 않고도 치료할 수 있고 행복하게 살 수 있다는 건가요?(공격)

  저자: 설령 쓰레기였고 나쁜 짓을 했다고 칩시다. 쓰레기로 나쁜 짓 하면서도 자신은 행복이라면서 살아가는 여자가 얼마나 많습니까? 그런 여자와 회원님은 비교할 수 없습니다. 예쁘고 날씬하고 섹시하면 여자입니까? 남자를 유혹하고 몸 대주며 행복이라고 착각하면서 사는 것이 여자입니까? 사람은 누구나 잘못하고 나쁜 짓도 하고 실수도 합니다. 그것을 알고 반성하고 깨닫고 치료하고 행복하게 살아가는 방법을 찾고자 노력하는 것이 정말 인간다운 모습이고 진정한 여자이지요. 지금 이 순간에도 자신이 쓰레기가 된 것도 모른 채 화려하게 치장하고 유혹하고 쓰레기로 살면서도 행복이라고 착각하는 사람들이 많습니다. 회원님은 그런 여자들과는 다릅니다. 자신의 과거를 아파하고 나쁜 짓을 했다는 것을 알고, 치료하고, 행복해지고 싶어 하니까요. 그래서 회원님은 인간으로서, 여자로서 행복하게 살 수 있는 권리가 있는 것입니다. 최고의 아름다운 모습을 가진 여자가 바로 회원님입니다. 이것이면 되었지 왜 내가 무슨 자격으로 회원님의 과거와 인생까지 알아야 하나요?

놀기만 하는 청소년

　중학교 2학년 아들을 둔 어머니이면서, 자수성가한 남편을 둔 아내가 있다. 이 아내는 지금까지 아들을 키우면서 남편과 행복하게 잘 살았는데, 최근 아들의 공부문제로 인하여 많이 힘들어 했다.

　"제 아들이 공부는 대충 하고 밖에 나가서 운동하는 것을 너무 좋아해요. 공부는 간신히 숙제만 겨우 하는 정도이고, 시간만 나면 친구들과 운동을 하는 겁니다. 이로 인하여 남편은 아이가 공부를 하지 않는 것에 대해 잔소리를 하면서 저에게 아들을 잘못 키웠다고 합니다. 저는 화가 났지만 한편으로 보면 제가 아들을 잘못 키워서 아들이 공부를 하지 않는 것 같아서 많이 힘듭니다. 아들의 공부문제로 인하여 부부 사이도 싸움이 많아지고, 요즘 너무 힘들어요."

　이를 무의식으로 분석해 보면 의외의 해결방법을 찾을 수 있다. 먼저 부부는 행복하게 잘 살아왔음을 알 수 있다. 부부가 행복했기 때문에 아들은 사랑을 받으면서 심리안정과 심리행복을 갖고 있는 것이며, 자신이 재미있어하는 운동을 하면서, 공부는 기본적인 것만 하는 것이다. 한마디로 천하태평인 것이다.

 이때, 남편은 자수성가를 한 사람으로서 자신이 중학교 2학년 (아들과 같은 나이) 때에는 정말 열심히 공부했다. 그 이유는 바로 집안 형편이 좋지 못했고 부모님은 화목하지 못하다 보니 사랑을 받지 못했기 때문이다. 그래서 상황에서 벗어나서 성공하려면 반드시 공부해야 한다는 강박이 작용했고, 무의식이 그 필요성을 만든 것이다. 자수성가를 한 것도 바로 이런 강박에 의하여 무의식의 작용이 지속되었기 때문이다.

 즉 남편이 열심히 공부할 수밖에 없었던 그때는 집안 형편이 좋지 않았고, 부모님으로부터 사랑을 많이 받지 못했다는 것을 의미하는 것이다.

 그러나 아들은 아버지가 성공하였고, 남부러울 것 없는 생활을 하고 있으며, 아빠와 엄마가 행복한 부부로 살면서 사랑을 받고 있기 때문에 굳이 미래에 대한 강박을 가질 필요가 없으니 공부는 필요한 만큼만 하면 되는 것이고, 자신이 재미있고 즐거워하는 운동에 몰입할 수 있는 것이다. 즉 아들은 잘 양육되어 성장하고 있다는 것을 의미한다. 남편과 아내의 입장에서는 얼마나 예쁘고 사랑스럽게 잘 컸는지 알아야 한다. 또한 부부로서도 행복하게 잘 살아오고 있다는 것을 증명하는 것이다.

남편의 중학교 2학년 때의 상황과 아들의 중학교 2학년 때의 상황은 매우 다르기 때문에 공부도 달랐을 뿐이다. 엄마가 아들을 잘못 양육한 것이 아니라 매우 잘 양육한 것이고, 아빠는 자신을 기준으로 볼 때 아들의 미래를 생각하면 공부를 해야 한다고 생각한 것이고 이는 모두 아들이 잘되길 바라는 마음이다. 즉 남편 자신과 아들은 전혀 다른 환경임을 몰랐던 것이다.

그러면, 아들이 공부에 관심을 갖고 열심히 하도록 하려면, 이는 공부가 자신에게 필요함을 스스로 인식하면 된다. 그러면 운동에 몰입했던 모든 힘을 공부하는 것으로 전환할 수 있다. 따라서 부모님들은 아들에게 공부하라는 말보다는 아들 스스로가 공부의 필요성을 느낄 수 있는 환경, 상황, 필요성 등의 이야기로 이끌어 주면 된다. 그러면 아들은 스트레스 없이 자연스럽게 공부에 몰입할 수 있게 된다.

저자의 출간 도서 안내

학부모의 힐링 | 208쪽 | 10,000원

이 책은 지금까지 여러분께서 힐링과 관련한 다양한 도서, 교육, 강연, 인터넷 정보 등을 통하여 알게 된 내용과는 많이 다를 것이며, 여러분이 항상 말과 행동과 표정으로 표현하면서도 전혀 느끼지 못했던 무의식과 인간의 마음과 심리가 작용하는 원리를 알 수 있도록 구성하였다.

일과 업무의 힐링 | 218쪽 | 12,000원

이 책은 저자가 '고려대학교 노동대학원'에서 강의했던 내용을 기초로 집필하였고, 일을 하는 모든 사람들에게 필요하다. 어느 곳에서 어떤 일을 하든 경제적 가치, 인간관계의 가치, 사회적 가치 등을 추구할 때 발생하는 다양한 스트레스와 상처의 힐링에 대한 이야기이며, 누구나 편하게 읽을 수 있도록 집필하였다.

인간의 마음 | 246쪽 | 16,000원

이 책은 심리포럼 논제발표 자료집 1탄으로서 인간의 마음과 심리를 설명하였다. 지금까지 왜곡되고 잘못된 인간의 마음과 심리를 올바르게 바로잡기 위하여 '대국민심리계몽운동'인 『심리포럼』의 논제발표와 토론을 토대로 다양한 마음과 심리의 작용을 이해하기 쉽도록 설명하였다. 마음과 심리, 사람과 인간, 몸과 마음, 의식과 무의식 등의 기본 개념을 쉽게 알 수 있다.

마음의 근원 | 220쪽 | 13,000원

이 책은 인간의 마음이 형성되는 근원을 밝혔다. 인간의 마음과 심리의 근원을 체계적으로 저술하였다. 인간의 마음과 심리가 작용하는 원리, 무의식의 마음에너지가 작용하는 원리를 밝힌 이론서이다. 인간의 마음이 작용하는 표준, 기준, 규칙, 원칙 등을 규명하여 새로운 심리이론의 패러다임을 제기한 심리이론서이다.

패션테라피 | 262쪽 | 19,000원

이 책은 패션을 이용하여 여성의 심리치료와 함께 자존감과 자신감의 회복과 몸과 마음의 안정을 갖도록 하기 때문에 이 책은 여성에게 상처를 치료하는 새로운 방법을 알려 줄 것이고, 여성의 행복을 회복하도록 도움을 주고 있다. 이는 패션이 새로운 패러다임이 될 것이다.

갈등의 힐링 | 50쪽 | 비매품

이 책은 인간관계에서의 갈등이 발생하는 원인과 갈등을 힐링하는 방법에 대하여 간결하게 집필한 내용입니다. 누구나 쉽게 읽을 수 있도록 하여 남녀노소 누구나 읽을 수 있으며, 갈등을 힐링하는 방법을 알려드립니다. 갈등이 발생하는 원인과 해결의 방법을 알려드리오니 행복한 삶과 인생을 살아가는 데 많은 도움이 되길 바랍니다.

외도는 심리장애, 외도에는 사랑이 없다 | 양장본 | 744쪽 | 48,000원

이 책은 외도심리전문가로서 오랜 세월 외도상담과 상처치료교육을 해 온 저자의 상담일지를 기초로 하여 저술하였으며, 배우자의 외도로 인하여 발생하는 이상심리와 심리장애를 치료할 수 있는 기본적인 정보를 제공함으로써 행복하게 살아갈 수 있는 방향을 찾을 수 있도록 하고 있다

마음이론 | 414쪽 | 20,000원

이 책은 남자와 여자의 마음과 심리가 작용하는 원리를 분석한 결과이고, 마음이 의식과 무의식을 통제하며 심리가 작용하는 기준, 표준, 원리, 규칙이라는 것을 규명하였다. 남자와 여자는 문제의 인지와 해석의 방법, 스트레스와 상처의 작용, 심리장애가 서로 다르면서도 복합적으로 작용한다는 사실을 발견하였고, 이를 체계적으로 정리한 이론서이다.

 혁명적인 성기능장애치료법, 제스테라피 | 488쪽 | 20,000원

기존의 성기능장애치료법과는 전혀 다른 새로운 성기능장애치료법인 제스테라피는 마음과 성마음의 상호작용에 의한 신체적인 성기능을 논하고 있다. 따라서 마음과 성마음이 신체적인 성기능과 상호 연결되고, 마음과 성마음을 조절함으로써 남성의 성기능장애가 치료가 되는 원리를 해석하였다.